SECRETOS PARA USAR EL DINERO

T0016533

LO QUE DEBES APRENDER CUANTO ANTES

Andrés Panasiuk

e625.com

SECRETOS PARA USAR EL DINERO
e625 - 2023
Dallas, Texas
e625 ©2023 por Andrés Panasiuk

Todas las citas bíblicas son de la Nueva Biblia Viva (NBV) a menos que se indique lo contrario.

Editado por: **María Gallardo**
Diseño: **Nati Adami / Luvastudio**

ISBN: 978-1-954149-17-5

IMPRESO EN ESTADOS UNIDOS

CONTENIDO

INTRO

El éxito no es el pico de una montaña, es un camino. Mantenerte en él o perderte dependerá de las decisiones que tomes a medida que la vida te presente sus desafíos diarios.

Este libro fue escrito para mostrarte que no importa quiénes hayan sido tus padres, ni cómo sea el barrio donde creciste o la educación que hayas recibido, ¡tú puedes decidir tener un futuro mejor! Hoy estás al comienzo del camino y mi deseo es acompañarte en el proceso para que aprendas a tomar decisiones que te lleven a disfrutar de una vida más plena.

Por lo general, uno se enfrenta a las decisiones más importantes de su vida cuando todavía es joven, a una edad en la que aún le falta perspectiva. Recién cuando acumulas años empiezas a ver qué les ocurre a tus amigos y familiares, y los escuchas decir: «¡Si tan solo hubiese hecho esto o aquello... ¡pero ahora es demasiado tarde!». También comienzas a ver qué te pasa a ti con las decisiones que tomaste cinco o diez años atrás.

¡A cualquier adulto le gustaría poder viajar en el tiempo para arreglar las «metidas de pata» del pasado! Sin embargo, eso es solo posible en las películas de ciencia ficción. La realidad es que las decisiones que tú como adolescente tomes hoy, tendrán fuertes repercusiones que durarán por el resto de tu vida. No podrás volver atrás y cambiarlas. Sencillamente tendrás que vivir con sus consecuencias...

Por eso es que insisto: cuanto antes aprendas a manejar sabiamente el dinero, mayor será la ventaja que tendrás para asegurarte un futuro mejor. Si me lo permites, quisiera ayudarte en el desafío.

Capítulo 1

PREPARA TU BRÚJULA

¿Has visto una brújula alguna vez? ¡Es un instrumento maravilloso! Una brújula no necesita baterías, ni conexión a Internet, ni satélites, ni la luz del sol, ni de la luna, ni requiere poder visualizar las estrellas. Es un elemento imprescindible en cualquier mochila de *trekking* o de turismo de supervivencia. ¡Y es probablemente uno de los mejores inventos en la historia del mundo! No importa en qué lugar del mundo te encuentres, si sabes dónde estás y a dónde quieres ir, puedes llegar con la ayuda de este pequeño instrumento. ¿No es genial?

La brújula es diferente del GPS. No solo son aparatos diferentes, sino que también operan bajo conceptos completamente distintos. La brújula, por ejemplo, no te indica cómo llegar al lugar donde quieres ir. Lo que hace la brújula es indicar siempre dónde está el Norte. Pero si tú sabes donde está el Norte (en este caso, el Norte magnético del mundo), luego puedes avanzar por tierra, por aire o por mar hacia el lugar al que quieres llegar.

En la vida habrá muchos momentos en los que te vas a sentir perdido en medio de un lugar desconocido. O vas a necesitar tomar decisiones en medio de una tormenta. O vas a encontrarte frente a oportunidades y no sabrás si te van a llevar al éxito o al fracaso. En todos y cada uno de esos casos será imprescindible que sepas dónde está tu Norte. En otras palabras, será necesario que tengas bien claros los principios que guiarán tus decisiones.

Cuando los tiempos de decisión llegan a nuestra vida, cuando el temporal de lo inesperado nos azota, cuando llegan las oportunidades que nos pueden hacer o deshacer la existencia, es entonces cuando necesitamos conocer el rumbo a seguir. Hacia dónde apuntamos el barco marca toda la diferencia en nuestra experiencia de vida. ¡Eso es lo que te lleva hacia al éxito o te destroza!

Por eso, cuando aprendas a funcionar de esa manera, cuando tengas bien claros tus principios y te aferres a ellos como a una brújula, entonces no importará cuál sea el problema, no importará cuál sea la situación en la que te encuentres, ni el tiempo o el lugar, tú sabrás qué es lo mejor para ti (aunque todo el mundo te diga que no te entiende o que lo que estás haciendo es una locura). ¡Tú sabrás cuál es la dirección correcta!

En mi primer best seller titulado *¿Cómo llego a fin de mes?*, les sugerí a mis lectores siete principios importantísimos que considero que deberían ser parte de su «Norte». Me gustaría compartir ahora esa lista contigo. Estos principios son:

1. El principio de la renuncia: Nada es nuestro. Todo nos ha sido dado por gracia. Debemos pensar como administradores y no como dueños.

2. El principio de la felicidad: Debemos aprender a ser felices en la situación económica en que nos encontremos. Más dinero puede equivaler a más diversión, pero más diversión no es lo mismo que más felicidad.

3. El principio de la paciencia: La perseverancia es lo que distingue al mediocre del exitoso.

4. El principio del ahorro: El ahorro es la base de la fortuna. La riqueza es la *acumulación* de recursos, y no está directamente relacionada con un gran salario.

5. El principio de la integridad: Lo que se siembra, se cosecha. La integridad mantiene la gracia sobre nuestras vidas.

6. El principio del amor y la compasión: Es mucho mejor dar que recibir.

7. El principio del dominio propio: Mejor que dominar una ciudad es dominarse a sí mismo.

Si me permites la sugerencia, creo que estos principios deberían formar parte del fundamento filosófico de tu vida. Si quieres que te vaya bien en tus finanzas, debes adoptarlos, debes abrazarlos y debes vivirlos cada día. Debes rechazar el pragmatismo en el que has crecido (que te dice que *«así funcionan las cosas en nuestro país»*), debes hacer caso omiso de la ética situacional (que te dice que *«las cosas están bien o están mal dependiendo de la situación en la que te encuentres»*), y debes rebelarte frente a las personas negativas y derrotistas (que te dicen que *«siempre hemos hecho las cosas de esta manera»*).

Por ejemplo, si estás cansado o cansada de la corrupción en la gente que trabaja para el gobierno de tu país, tú puedes establecer como un «Norte» tu decisión de que nunca en la vida vas a sobornar a alguien para lograr una meta. Cuando te pidan un soborno, mira a la persona a la cara y dile con respeto y firmeza que tú nunca, nunca, nunca, por ninguna razón y bajo ninguna circunstancia, pagas sobornos. Eso requiere tener tus pantalones (o tus faldas) bien puestos. Porque ese tipo de decisión trae consecuencias que debemos estar dispuestos a afrontar si es que vamos a cambiar el país. Sin embargo, de ahora en adelante, la decisión es fácil. Cada vez que te pidan un soborno, ya sabes cómo contestar. Ni siquiera necesitas pensarlo.

Por ponerte otro ejemplo, puede que decidas que vas a abrazar la rectitud como un principio importante en tu vida. Hacer las cosas con rectitud será entonces tu «Norte». Cuando alguien te proponga hacer un negocio de forma desordenada, tú ya sabrás qué responder. Sabes que no te quieres meter con gente que le miente al gobierno para pagar menos impuestos y que engaña a los clientes... Si la cosa no está clara y ordenada, tú no participas, y listo. Eso es tener bien claro tu «Norte».

Cuando uno tiene una brújula los problemas no cambian, pero se hace más fácil tomar las decisiones

Cuando uno tiene una brújula, un lugar al cual mirar para saber dónde está el Norte, los problemas no cambian, pero se hace más fácil tomar las decisiones y nuestro nivel de estrés mucho menor.

La mayoría de las personas van por la vida como si fueran hojas al viento, tomando sus decisiones momento a momento, sin ningún plan. Sin embargo, los que llegan a lugares adonde otros jamás han llegado son aquellos que se comportan diferente. Así que, ¡toma tu brújula y avanza!

Ahora te toca a ti

1) ¿En qué se diferencia una brújula de un GPS?

_____
_____
_____
_____
_____

2) ¿En qué sentido el tener claros tus principios y valores es similar a tener una brújula?

_____
_____
_____
_____
_____

3) ¿Podrías mencionar algunos principios que podrían ser tu «Norte», y dar ejemplos de cómo sería su aplicación a una situación concreta?

- _____
  _____
  _____
  _____
  _____

- _____
  _____
  _____
  _____

Notas

_____
_____
_____
_____
_____
_____
_____
_____
_____
_____
_____
_____
_____
_____
_____
_____
_____
_____
_____
_____
_____
_____
_____
_____
_____
_____
_____
_____

Notas

Capítulo 2

EL VALOR DEL DINERO

La siguiente es una adaptación de una historia que los padres cuentan a sus niños en la India.

UNA LECCIÓN PARA HABIB

Cuentan que había, muchos siglos atrás, un hombre de abundante fortuna llamado Qaisar.[1] Era respetado y querido entre su pueblo, no solo por sus habilidades como negociante sino también por su gran sabiduría.

Qaisar tenía rebaños, plantaciones, una gran cantidad de esclavos y negocios que se extendían por todo el país. Sin embargo, lo que Qaisar más amaba no era su fortuna, sino a su familia, especialmente a su hijo Habib.[2] En la medida en que Habib crecía en estatura y conocimiento, una de las preocupaciones principales de su padre era preparar a su hijo para tomar las riendas del lucrativo negocio familiar. Debía ensenarle tanto el *ser* como el *hacer* del éxito.

Un día, mientras Qaisar estaba sentado bajo un badari[3] disfrutando del fresco de la mañana, llamó a su hijo y le dijo:

—Mi querido Habib, ha llegado el momento de que aprendas a valorar el dinero y a amar el trabajo. Hoy deberás traerme, al final del día, algún fruto de tu labor. Saldrás a buscar algo para hacer y ganar dinero. De lo contrario, no habrá comida para ti a la hora de la cena de esta noche.

Habib estaba sorprendido. Nunca le habían dado un ultimátum como este antes. Desconcertado, corrió hacia su madre y entre sollozos le contó de la conversación con su padre. La madre, con un corazón compasivo, abrió su bolsa de ahorros, sacó una moneda de oro y se la entregó a su amado hijo.

Esa noche, cuando Qaisar pidió a su hijo que le rindiera cuentas sobre el fruto de su labor, el joven inmediatamente presentó su moneda de oro. Entonces, el padre sabio le pidió al hijo que echara la moneda en un pozo de agua, lo que el hijo hizo inmediatamente y sin dudar.

A la mañana siguiente, Qaisar le pidió a su esposa que fuera a visitar a su madre por algunos días. Ni bien la caravana de su esposa salió por el camino, llamó a Habib y le dijo:

–Mi querido Habib, debes aprender a valorar el dinero y a amar el trabajo. Hoy nuevamente deberás traerme, al final del día, algún fruto de tu labor. Saldrás a buscar algo para hacer y ganar dinero. De lo contrario, no habrá comida para ti a la hora de la cena de esta noche.

Habib, sabiendo que su madre no estaba en casa, corrió inmediatamente a contarle sus penas a su hermana mayor, quien, al final de la conversación, compasivamente le entregó una moneda de plata.

Nuevamente esa noche Qaisar pidió cuentas a su hijo sobre el fruto de su labor, y el joven inmediatamente presentó la moneda de plata que había recibido de su hermana. Entonces el padre sabio le pidió otra vez a su hijo amado que echara la moneda en el pozo de agua donde había tirado la moneda de oro la noche anterior. Habib obedeció inmediatamente y sin dudar.

La tercera mañana, el patriarca llamó a su hija y le rogó que fuera a la ciudad a quedarse con su suegra por algunos días. Tan pronto como la caravana de su hija se alejó, Qaisar llamó a su hijo debajo del badari y le dijo por tercera vez:

–Mi querido Habib, hoy nuevamente quiero que me traigas, al final del día, algún fruto de tu labor. Saldrás a buscar algo para hacer y ganar dinero. De lo contrario, no habrá comida para ti a la hora de la cena de esta noche.

El joven, dándose cuenta de que sus benefactoras estaban fuera de su alcance, finalmente decidió viajar hasta el pueblo más cercano y ofrecer sus habilidades a los mercaderes que conocían a su padre. Luego de hablar con varios mercaderes, al fin uno de ellos le ofreció dos monedas de cobre por descargar una carreta que había llegado de la China con productos para su negocio.

Habib asintió inmediatamente, y se pasó el resto del día acarreando bultos y cajas desde el transporte hasta la bodega del amigo de su padre. Al final del día de trabajo, cansado y adolorido, con gusto recibió las dos monedas de cobre prometidas.

Esa noche, cuando su padre lo llamó, el joven mostró muy orgulloso sus ganancias del día, y el sabio Qaisar nuevamente le ordenó que tirara las monedas al estanque de agua. Habib, aterrorizado, clamó a gran voz:

–Pero... ¡padre! ¿Cómo voy a tirar estas dos monedas al estanque?... ¡Después de todo lo que tuve que hacer para ganarlas! Me duele la espalda, me duelen los brazos, me duelen los músculos... ¿Y tú me pides que tire el fruto de mi labor al pozo de agua?

El sabio millonario miró con ternura a su hijo y, mientras sonreía afablemente, le explicó que esta era la lección que había tratado de enseñarle: a uno solamente le duele perder aquello que le ha costado ganar. En la primera y segunda ocasión, cuando fue ayudado por su familia, no le costó tirar las monedas al pozo de agua. Pero ahora que conocía el valor del dinero, estaba listo para aprender a administrarlo.

El joven Habib, al darse cuenta de esta gran lección, prometió nunca más ser un holgazán, y trabajar arduamente para cuidar de la fortuna que tanto trabajo le había costado acumular a sus padres y sus abuelos. Qaisar, por su parte, se comprometió a entregarle todos sus bienes y a ayudarlo a administrarlos sabiamente por el resto de su vida.

Realmente empezamos a valorar el dinero cuando lo ganamos nosotros mismos

La historia de Habib se repite millones de veces a lo largo y ancho de nuestro continente: mientras somos adolescentes y jóvenes no nos damos cuenta de que vivimos del fruto de la labor de otras personas, como nuestros padres y abuelos, y por eso no apreciamos lo que tenemos. Sea mucho o poco, lo que tenemos lo hemos recibido por su esfuerzo y sacrificio. Sin embargo, la mayoría de nosotros realmente empezamos a valorar el dinero cuando lo ganamos nosotros mismos, con el sudor de nuestra propia frente. Pero de eso hablaremos más en el próximo capítulo...

Ahora te toca a ti

1) ¿Puedes dar un ejemplo de cómo a veces «a uno solamente le duele perder aquello que le ha costado ganar»?

_____

_____

2) ¿Has experimentado en tu vida la diferencia entre cuánto valoras el dinero cuando lo recibes de tus padres, y cuánto lo valoras cuando te lo has ganado trabajando tú mismo? ¿Qué diferencia sentiste entre uno y otro caso?

_____

_____

3) Piensa en cuántas de las cosas que tienes las has recibido gracias al esfuerzo y sacrificio de tus padres y abuelos. ¿Son muchas o pocas? ¿Te sientes agradecido? ¿Qué formas prácticas se te ocurren en que podrías mostrarles tu agradecimiento?

_____

_____

4) ¿Qué cambios crees que ocurrirán en tu forma de relacionarte económicamente con tu familia durante los próximos años? ¿Estás preparado para estos cambios? ¿O cómo te estás preparando?

_____

_____

Notas

Notas

Capítulo 3

CUÁNDO Y DE QUÉ TRABAJAR

Yo recomiendo a los padres que les den trabajos a los niños desde que sepan contar, de modo que vayan aprendiendo el valor del dinero, el trabajo y el esfuerzo. Por otra parte, a tu edad, mi recomendación sería que busques un equilibrio entre trabajo y estudio. El trabajo te puede dar cierta libertad e independencia, pero nunca deberías trabajar tanto que al final tus estudios se vean afectados.

> *El trabajo te puede dar cierta libertad e independencia, pero nunca deberías trabajar tanto que al final tus estudios se vean afectados*

¿CUÁL ES EL MEJOR MOMENTO PARA EMPEZAR A TRABAJAR?

A veces tenemos que trabajar porque debemos ayudar económicamente a nuestros padres. En estos casos debemos hacerlo con gusto. Hay una gracia especial que viene de lo Alto cuando honramos a nuestra madre y a nuestro padre. Sin embargo, yo esperaría a tener entre dieciséis y dieciocho años para conseguir un trabajo de tiempo parcial afuera del hogar. Antes de esa edad, me dedicaría principalmente al estudio.

Sin embargo, puedes hacer planes para trabajar solo algunas horas por semana mientras estudias. Uno puede trabajar lo suficiente como para poder pagarse sus propios gastos sin necesidad de pedir ayuda a los padres.

A lo largo de la adolescencia y la juventud, a medida en la que vas entrando en la vida adulta, debes pasar por un proceso en el que comenzaste siendo totalmente dependiente de tus padres, hasta llegar a ser alguien que aporta a la familia, y finalmente una persona independiente económicamente. Hoy en día muchos jóvenes demoran este proceso, y esto les ocasiona un daño tanto a ellos mismos como a sus familias, y también a la relación entre ambos.

TRABAJA ARDUAMENTE Y CON EXCELENCIA

Hay dos maneras de aprender en la vida: de la experiencia propia o de la de los demás. La ventaja de aprender de la experiencia de los demás es que es más eficiente y menos doloroso. Aquí te presento, entonces, algunas citas de personas famosas sobre el tema del trabajo. Algunas son más actuales, y otras son perlas de sabiduría del famoso rey Salomón. Cuando Salomón escribió estos consejos tenía el equivalente a un salario de unos 800 millones de dólares anuales. ¡Se calcula que él tenía una riqueza total acumulada del equivalente a unos 100 mil millones de dólares! Creo que si Salomón nos dejó algún consejo deberíamos prestarle atención, ¿verdad?

Aquí van las citas que a mí me gustan:

∘ «Yo soy un gran creyente en el concepto de la suerte… y cuanto más trabajo, ¡más suerte tengo!». F. L Emerson[4]

∘ «No hay secretos para el éxito. El éxito es el resultado de la preparación, del arduo trabajo y de la capacidad de aprender de los errores cometidos». General Colin Powell[5]

∘ «Tener talento es barato –más barato que la sal. Lo que separa al talentoso del exitoso es un montón de trabajo». Stephen King[6]

∘ «Los perezosos empobrecen pronto; los que trabajan mucho enriquecen pronto». Salomón, en Proverbios 10:4

○ «Trabaja duro y serás un líder; sé un flojo y serás un esclavo». Salomón, en Proverbios 12:24, NTV

PIENSA CREATIVAMENTE

En mi libro *Cómo vivir bien cuando las cosas van mal* escribí algunas maneras creativas con las que puedes comenzar a hacer dinero, incluso si aún no eres mayor de edad. Quizá puedas adaptar una o más de estas ideas a tu situación personal.

Advertencia: ten cuidado con los negocios que parecen demasiado buenos para ser verdad... ¡casi nunca son buenos! No te dejes atrapar por las personas que te ofrecen negocios «que no pueden fallar», o por empresas que te dicen que vendiendo sus productos comenzaras a ganar mucho dinero de inmediato. Todo negocio toma su tiempo, y es muy probable que te tome meses hacer que un buen negocio comience a rendir dinero.

Entonces, aquí van mis ideas...

○ ¿Sabes algún idioma? ¿Te gustan las matemáticas? ¿Tienes experiencia en alguna materia en particular? ¿Tocas el piano? Puedes ofrecerte de maestro particular o de apoyo escolar para niños y niñas de escuela primaria o secundaria.

○ Convierte un pasatiempo en un negocio. Cuando yo era jovencito y vivía en Buenos Aires, solía coleccionar sellos de correos (también llamados «estampillas»). Para mí, los sellos y las monedas eran un pasatiempo, ¡pero para la persona que me los vendía era una fuente de ingresos, es decir, un negocio!

○ ¿Te gusta dibujar y pintar? Puedes pintar las vitrinas de los negocios para las diferentes fiestas que hay durante el año.

○ Si te gustan las computadoras, puedes aprender a desarrollar y mantener sitios de Internet, o puedes ofrecer un contrato de mantenimiento personalizado para computadoras en las casas o en pequeños negocios.

○ ¿Te gustan los animales? Ofrécete para sacar a pasear y cuidar animales domésticos. Aprende a cortarles el pelo y brinda un servicio de «salón de belleza» para mascotas.

○ ¿Te gusta cocinar? Puedes vender tus mejores platos a negocios para que los revendan, o hacer entregas a domicilio.

Hay miles de posibilidades. ¡Solo hace falta decisión y trabajo duro para hacerlas realidad!

Ahora te toca a ti

1) Aquí tienes una lista para completarla con más ideas, ¿te animas?

• Si vives en una ciudad turística y sabes algún idioma extranjero puedes:

_____

_____

_____

• Si te gusta ordenar y eres bueno ayudando incluso a otras personas a ordenar sus cosas puedes:

_____

_____

_____

• Si te gusta hacer manualidades puedes:

_____

_____

_____

• Si eres bueno entreteniendo y divirtiendo niños puedes:

_____

_____

_____

• Si te gusta la jardinería puedes:

_____

_____

_____

• Si eres bueno realizando pequeñas tareas de mantenimiento en tu casa puedes:

_____
_____
_____

2) ¿Qué otras maneras creativas se te ocurren para comenzar a ganar dinero aprovechando tus habilidades y gustos personales? Piensa al menos tres cosas en las que seas bueno, y anótalas aquí debajo:

• _____
_____

• _____
_____

• _____
_____

Ahora vuelve a leer las tres cosas que escribiste recién y piensa al menos tres ideas que podrías poner en práctica ya mismo para comenzar a ganar dinero con esas cosas.

• _____
_____

• _____
_____

• _____
_____

(¡¿Qué esperas?!)

Notas

Capítulo 4

¡ENCUENTRA TU VOCACIÓN Y SÍGUELA!

En el capítulo anterior hablamos sobre tus primeros trabajos... cosas que harás para comenzar a ganar algo de dinero a medida que vas creciendo y avanzas hacia tu independencia económica.

Ahora quiero hablarte un poco más seriamente acerca de la importante tarea de encontrar tu vocación en la vida y elegir qué carrera seguir. Tal vez aún te falten varios años para terminar la escuela secundaria y no te resulte urgente decidir esto ahora. Es cierto, no estás obligado a decidir nada aún, pero tampoco te hará daño empezar a pensarlo con tiempo...

El primer consejo que quiero darte es que no elijas una carrera basándote en el dinero que crees que vas a ganar en una opción o en otra. Mejor, elige tu carrera mirando con cuidado tus intereses, tu vocación, tu perfil de personalidad y tus habilidades. Uno puede hacer dinero en cualquier tipo de profesión, y cualquier trabajo legal es un trabajo digno.

Se cuenta la historia de un médico en Estados Unidos que de repente escucha a su esposa gritar desde el segundo piso de la casa:

–¡Querido, llama al fontanero! ¡Llama al fontanero! ¡Se nos inunda el baño!

El médico inmediatamente toma el teléfono y busca en la guía al fontanero más cercano. A los diez minutos suena el timbre de la puerta. Sin decir palabra, el fontanero entra en la casa, va al segundo piso, se dirige al baño, y con una herramienta especial extrae un patito de goma del inodoro.

Baja las escaleras, le entrega el patito al médico, y al mismo tiempo le hace entrega de su factura por 250 dólares.

El doctor mira el patito, mira la factura y finalmente exclama:

–¡Esto no puede ser! ¡Es un robo! ¿Cómo es que me está cobrando 250 dólares por sus servicios?

–Eso es lo que cuesta...

–¿Pero cómo que «eso es lo que cuesta»? Usted no ha estado aquí ni una hora... Yo soy médico, ¡y ni siquiera yo gano 250 dólares la hora!

–Bueno... –dice el fontanero–, ¡cuando yo era médico tampoco los ganaba!

Como te dije antes, ¡uno puede hacer dinero en cualquier profesión! Conozco mecánicos que están haciendo mucho dinero; conozco agricultores que también están ganando fortunas; y conozco constructores, dentistas, consultores, abogados, religiosos y artistas a quienes les va muy bien en su vida económica. Además, recuerda que lo importante en la vida no es la cantidad de dinero que ganas, sino la calidad de vida que experimentas, y una vez superado el nivel de pobreza, más dinero no garantiza una mayor calidad de vida.

Pero hay algo más. Cada uno de nosotros tenemos una carrera que se nos ha puesto por delante, una misión en la vida. Y yo creo que lo más importante es seguir el diseño de Dios para tu vida y correr bien la carrera que tienes por delante. Descubrirla temprano es importante, porque cuanto antes encuentres tu misión en la vida, más rápidamente podrás comenzar a cumplirla.

> *Tú tienes un propósito en la vida, y tu primera tarea importante es descubrir cuál es*

Todo lo que existe en el universo ha sido creado con un propósito, y tú también. Tú tienes un propósito en la vida, y tu primera tarea importante es descubrir cuál es.

Piensa: ¿Qué te apasiona? ¿Qué te da energía? ¿Qué te motiva? O, por el contrario... ¿qué es lo que te molesta? ¿Qué es lo que te preocupa? ¿Qué es lo que te duele cuando miras la sociedad actual? (¡Muchas veces aquello que te molesta es el problema que Dios quiere que soluciones en el mundo!)

Ahora bien, hay una diferencia entre tu misión o vocación, y tu carrera o trabajo. La raíz de la palabra vocación tiene que ver con la palabra *boca,* por eso la vocación representa *el llamado.* Tu trabajo será la *expresión* de esa vocación. Por ejemplo, yo puedo tener una vocación para enseñar. Entonces mi trabajo puede ser maestro, profesor universitario, instructor, entrenador del departamento de Recursos Humanos de una empresa, pastor, maestro en una iglesia, o fundador del Instituto para la Cultura Financiera...

¿Ves? Lo que yo hago no es lo que soy. Es mi trabajo. Es la expresión de mi vocación en la vida. Mi trabajo puede cambiar, pero yo nunca debería dejar de lado mi vocación, ¡aunque no me pagaran un centavo por hacerlo!

Lo que es importante aquí, y lo que quiero que comprendas bien, es que uno debería elegir su carrera basado en su vocación. De aquí se puede deducir que no todo el mundo debería estudiar una carrera universitaria. Por supuesto, yo jamás recomendaría a nadie que dejara la escuela secundaria antes de haberla terminado completamente. Y por supuesto que todos deberíamos estudiar lo más que podamos. Sin embargo, más allá de la escuela secundaria, yo me preguntaría qué es lo que conviene más: ¿estudios universitarios, estudios en alguna escuela técnica, o quizás estudios especializados en algún tema en particular? Uno nunca debería dejar de crecer intelectualmente y siempre debería tener sed por aprender cosas nuevas. Pero tal vez no sea necesario pasarse en la universidad una gran cantidad de años de vida si es que la misión que uno tiene no lo requiere.

No quisiera que me malinterpreten aquí. No estoy diciendo que los estudios universitarios sean malos. Al contrario. Si tu misión lo requiere, ¡no solo debes estudiar en un nivel universitario, sino también graduarte con las mejores notas posibles!

Todo lo que inviertas en tu educación (tiempo, dinero, o lo que sea) está muy bien invertido. Sin embargo, si ya sabes cuál es tu misión en la vida, si conoces tu propósito, y para lograrlo no necesitas tener un título universitario, no dejes que los demás te hagan sentir mal. ¡Sigue tu vocación! Puedes asistir a una escuela técnica, o puedes aprender de manera no formal. Hoy en día hay muchas opciones para capacitarse, incluso a través de Internet.

Intenta averiguar si en tu comunidad hay algún lugar donde puedas realizar un test vocacional gratuito. También hay opciones para hacerlo en Internet, pero debes tener cuidado de que sea un sitio confiable y no debes proporcionar demasiados datos personales.

Lo bueno de estos tests es que te ayudan a reconocer tus intereses, habilidades y las características de tu personalidad que guardan relación con las diferentes profesiones. También te ayudan a ver cómo tus intereses apuntan a tu vocación.

Averigua también sobre las distintas universidades y otros centros educativos que hay en tu zona, y sobre las carreras que se dictan allí. En muchos países hay incluso un evento anual organizado por las distintas universidades para dar a conocer sus carreras a los posibles interesados.

Y recuerda: lo importante es abrazar la vocación que tienes en la vida, ¡y trabajar duro en el ámbito que elijas para desarrollarte!

Ahora te toca a ti

1) ¿Conoces personas que ganan mucho dinero en profesiones que ni te lo hubieras imaginado? ¿Y personas que ganan poco dinero en profesiones tradicionalmente muy «rentables»? ¿Qué conclusión sacas de esto?

_____
_____
_____
_____
_____

2) ¿Estás de acuerdo con el autor cuando dice que «más dinero no garantiza una mayor calidad de vida»? ¿Puedes dar un ejemplo?

_____
_____
_____
_____
_____

3) Si un amigo tuyo te dijera que va a elegir determinada carrera, a pesar de no tener nada que ver con su vocación, porque piensa que en esa carrera va a poder ganar mucho dinero, ¿qué le dirías?

_____
_____
_____
_____
_____

4) Si un amigo tuyo te dijera que va a elegir determinada carrera, a pesar de no tener nada que ver con su vocación, porque es lo que sus padres «esperan de él», ¿qué le dirías?

_____

_____

_____

_____

_____

5) ¿Ya has descubierto cuál es tu vocación? ¿Ya has decidido qué carrera vas a elegir y qué trabajo te gustaría realizar? Si tu vocación te llamara a una determinada carrera, pero actualmente ese tipo de carrera no pagara muy bien, ¿qué harías?

_____

_____

_____

_____

_____

Notas

_____
_____
_____
_____
_____
_____
_____
_____
_____
_____
_____
_____
_____
_____
_____
_____
_____
_____
_____
_____
_____
_____
_____
_____
_____
_____
_____
_____

Capítulo 5

¿ORDEN...?
¿QUÉ ES ESO?

Cada vez que visitábamos a mi abuela, ella nos decía: «¡Para cada cosa hay un lugar, y hay un lugar para cada cosa!». Así nos enseñaba a cuidar algo muy importante en la vida: el orden. También he oído una variante de esta frase que recomienda tener «un lugar para cada cosa, y cada cosa en su lugar». Es realmente un gran consejo. Pero no te preocupes. No voy a hablarte en este libro sobre la importancia de ordenar tu cuarto. (Aunque podría ser un buen lugar para comenzar, ¿verdad?). No. De lo que voy a hablarte es de cómo poner en orden tus cuentas. De cómo manejar de manera ordenada tu dinero.

Créeme: el orden es la piedra angular del éxito económico. En Proverbios 27:23-24 Salomón nos recomienda: «Asegúrate de saber cómo están tus rebaños; cuida mucho de tus ovejas; pues las riquezas no son eternas ni la fortuna está siempre segura» (NVI). Si uno quiere manejar con excelencia el dinero, debe cuidar de las ovejas (el dinero) y sus rebaños (las inversiones, el negocio).

Gracias al orden y la predictibilidad en la vida es que podemos funcionar. ¿Te imaginas si un día, de pronto, te levantaras con un pie en la cabeza, o con un ojo en la planta del pie? No solo sería desconcertante, ¡sino también sería complicadísimo vivir de esa manera! Lo mismo ocurre con el resto de nuestra vida. El orden provee estructura y predictibilidad.

¡El orden te pondrá en control sobre tu dinero y no permitirá que este te controle a ti!

Otro de los principales beneficios del orden es facilitar la búsqueda: nos permite obtener información específica de una manera eficiente, y la información es poder. Tengo un buen amigo que siempre dice: «El dinero es un buen siervo, pero un mal amo». ¡El orden te pondrá en control sobre tu dinero y no permitirá que este te controle a ti!

El orden y la disciplina son, muchas veces, unas de las pocas cosas que podemos hacer para compensar nuestra falta de recursos económicos. Ser disciplinados nos permite actuar eficazmente y manejar los pocos o muchos recursos que tenemos con eficiencia. La disciplina nos permite maximizar nuestro tiempo, nuestras capacidades, nuestros talentos y, sobre todo, nuestro dinero. En el medio de la crisis y la dificultad, ¡debemos esforzarnos por vivir una vida ordenada!

¿POR QUÉ PLANEAR?

Debemos planear nuestra vida financiera porque no hay otra forma en que las cosas nos vayan bien. No hay otra opción.

Además, si uno ha nacido y crecido, como yo, en un país con un alto índice de inflación, entonces planear la forma en la que uno gasta el dinero es una cuestión de vida o muerte. ¡La diferencia entre comer o no comer los últimos días del mes tiene que ver con la forma en la que hemos tomado nuestras decisiones económicas durante las semanas previas! Quiera o no, uno se transforma en un pequeño Ministro de Economía en lo que hace a su casa y su familia.

Ahora voy a compartirte uno de los secretos más importantes del éxito financiero: la clave no está en cuánto ganas, ¡sino en cuánto gastas! Debes controlar lo que gastas o nunca tendrás suficiente.

Otra razón por la cual debemos planear es porque el ser humano ha sido creado con una tendencia natural hacia el orden. Piénsalo:

el universo tiene un orden, el sistema solar tiene un orden, existen leyes en la naturaleza que proveen orden al mundo que nos rodea, y el cuerpo humano tiene un orden tan impresionante que todavía nos cuesta trabajo entender cómo tanta complejidad puede funcionar con tanta armonía. También la sociedad tiende a establecer el orden. Por eso existen las leyes. Incluso la experiencia muestra que para los seres humanos, el orden es incluso más importante que la libertad. Es muy interesante ver cómo, cuando se pierde el orden social, los ciudadanos de un país están dispuestos a entregar sus garantías de libertad constitucional para restablecer el orden y la paz. Esta no es una opinión política. Es simplemente la observación de un proceso que nos ha tocado vivir repetidamente en Latinoamérica: cada vez que perdimos el orden social (o el económico), estuvimos dispuestos a entregar parte de nuestras libertades democráticas con el fin de restablecerlo.

Tal vez esto sea así porque el ser humano tiene una tendencia interior a buscar el orden en medio del desorden, imitando el carácter de su Creador. Recuerda que traer orden al caos fue el primer acto de Dios en el universo.

No hay ningún barco en el mundo que zarpe de un puerto de salida sin tener asignado un puerto de llegada. No hay ningún avión comercial que levante vuelo en un aeropuerto sin saber a qué aeropuerto habrá de arribar. No existe ningún libro que se comience a escribir sin una idea de lo que finalmente se quiere decir. No hay ninguna boda que haya de comenzar sin tener una pareja para casar.

Todo tiene un orden. Hasta el borrachín más empedernido siempre busca la misma esquina para sentarse a tomar... ¡Todos necesitamos de cierta consistencia en nuestras vidas!

Aprovecha este libro que tienes en tus manos, y permíteme que te ayude a ordenar tu vida económica. Si lo haces, cambiaras el rumbo de tu vida y la historia de la familia que formarás cuando seas más grande.

Confeccionar un plan para controlar tu dinero no es muy complicado. Simplemente tienes que recordar algunos pasos clave. Sigue leyendo. ¡En los capítulos que siguen te mostraré cómo hacerlo!

Ahora te toca a ti

1) En una escala del 1 al 10, ¿cuán ordenado dirías que eres actualmente en lo que hace al dinero? Describe brevemente tu situación actual...

_____
_____
_____
_____
_____

2) ¿Estás de acuerdo en que debemos planear nuestra vida financiera? ¿Por qué sí, o por qué no?

_____
_____
_____
_____
_____

Notas

Notas

_____
_____
_____
_____
_____
_____
_____
_____
_____
_____
_____
_____
_____
_____
_____
_____
_____
_____
_____
_____
_____
_____
_____
_____
_____
_____
_____
_____
_____

Capítulo 6

PRIMEROS PASOS PARA CONTROLAR TU DINERO

En este capítulo voy a explicarte los dos primeros pasos para que puedas confeccionar un plan para controlar tu dinero. Los restantes tres pasos los veremos en los capítulos siguientes.

PASO 1: CONSIGUE UNA HERRAMIENTA APROPIADA

Lo primero que debes hacer *inmediatamente* es conseguir una herramienta que te ayude a averiguar cómo estás ganando y cómo estás gastando tu dinero. Aquí van algunas opciones:

a) Si tienes un teléfono «inteligente», busca en la tienda de *apps* una aplicación con la que puedas manejar dinero. Simplemente comienza una búsqueda con la palabra «presupuesto» y elige la aplicación (o, *aplicativo,* como lo vi llamar en algún país) que más te guste. Algunas características que te recomiendo son que la aplicación sea segura, fácil de usar, flexible (para poder crear o borrar categorías), resguardable (con *back-up* en algún programa en la nube), imprimible, exportable, independiente (que no necesite conexión de Internet), y gratuita. (Precaución: presta atención porque algunas aplicaciones que son de descarga gratis te dejaran hacer una cierta cantidad de transacciones y luego deberás pagar para poder continuar utilizándolas. Aunque si te gusta alguna aplicación por la que debes pagar y te sientes realmente bien con ella, paga el costo con gusto. Vale la pena invertir algo de dinero en una herramienta que te va a ayudar durante los años por venir).

b) Si no tienes un teléfono «inteligente», busca en Internet un *software* o un archivo de Excel® que te ayude a manejar tu dinero. En tu buscador escribe «software presupuesto personal» y encontraras una lista de lugares que ofrecen archivos y software para ayudarte a manejar el dinero.

(Precaución: en algunos lugares de Internet, cuando tratas de bajar algún programa gratis, tienen un sistema que no solo baja el programa que pides, sino que a través de una serie de preguntas confusas también consigue tu permiso para bajar otros programas. Presta atención a esta situación y no permitas que bajen a tu computadora software que tú no deseas).

c) No te preocupes. Nada de lo anterior es imprescindible. ¡Todo lo que voy a enseñarte a hacer se puede hacer perfectamente con un lápiz, un cuaderno, y una calculadora de bolsillo!

PASO 2: COLECTA INFORMACIÓN

El propósito del orden es administrar bien la información, ya que la información es poder

Ahora necesitas colectar información para poder diseñar un plan inteligente. El propósito del orden es administrar bien la información, ya que la información es poder... En este caso, poder para cambiar tu futuro económico.

Hay dos maneras bastante eficaces de colectar información para saber exactamente adonde se está yendo tu dinero, y debes elegir la que te resulte más fácil. Esto no afectará el resultado de la recolección de información.

a) La primera manera de colectar información es escribir en tu teléfono, o en un archivo Excel®, o en un papel o en una libreta, todos los gastos que realices cada día, durante los próximos treinta días. Escribe *todos* los gastos, hasta los más pequeños, y anota la fecha, el tipo de gasto y la cantidad gastada.

b) La segunda forma de colectar información es colocar en tu cuarto una pequeña caja, como por ejemplo una de zapatos. A partir de este momento, y durante los próximos treinta días, pedirás un recibo por cada compra que hagas, no importa lo pequeña que sea la compra. Y si no te dan un recibo, escribirás el gasto en un trozo de papel. Cada noche, cuando llegues a la casa, coloca todos los recibos y papeles que escribiste dentro de la caja de zapatos.

También deberás hacer lo mismo durante este mes con todas tus entradas de dinero. Anota en un papel o libreta cada vez que te ingres dinero, es decir cuando "cobres" algo (dinero que te den tus padres, o de algún trabajo que realices, o por vender alguna cosa, etc.).

Cuando termines los treinta días de colectar información, tómate un día libre. No hagas ningún compromiso y dedícalo por completo al trabajo de armar tu plan y pensar en tu futuro. ¡En los siguientes capítulos aprenderás cómo hacerlo!

Ahora te toca a ti

1) El primer paso para controlar tu dinero es conseguir una herramienta que te ayude a averiguar cómo lo estás ganando y cómo lo estás gastando. ¿Qué herramienta usarás?

_____

_____

Marca esta casilla cuando logres completar este paso ☐

2) El segundo paso para controlar tu dinero consiste en colectar información para saber exactamente de dónde viene y a dónde se va tu dinero. ¿Con qué método lo harás?

_____

_____

Marca esta casilla cuando logres completar este paso ☐

Notas

Capítulo 7

¿CÓMO ESTÁ TU BALANZA?

Después de los treinta días de colectar información, tendrás todo lo que necesitas para diseñar un plan. Ya puedes pasar al...

PASO 3: COMPARA TUS ENTRADAS Y TUS SALIDAS

Como te dije al final del capítulo anterior, mi recomendación es que te tomes un día libre para poder llevar a cabo este paso con calma y tranquilidad. En ese día te fijarás en el teléfono cuánto gastaste, o revisarás tu planilla de Excel®, o mirarás en tus cuadernos de notas, o volcarás todos los recibos y papeles de la caja de zapatos sobre tu escritorio o tu cama. (¡Cuidado, que no se te pierda ninguno! ¿Ves por qué convenía que tuvieras tu cuarto ordenado?)

Ahora separa por un lado todas tus entradas de dinero. Nos ocuparemos de ellas dentro de un rato. Separa por otro lado todos los gastos que realizaste. Esto debes hacerlo de acuerdo a determinadas categorías. A continuación están las categorías en las que te recomiendo que dividas todos tus gastos del mes. Elige solo las que te convenga usar a estas alturas de tu vida, ya que las categorías irán variando a medida que crezcas y de acuerdo a tu situación particular.

Las posibles categorías son:

- Transporte
- Comida
- Salidas y entretenimiento
- Vestimenta
- Educación (clases, cursos, libros...)
- Ayuda en casa o colaboración con los gastos de la familia
- Gastos varios o misceláneas

Nota: Si la última categoría, la de «Gastos varios o misceláneas», es muy grande (es decir, si gastaste mucho dinero en ella), busca la manera de subdividirla, creando nuevas categorías con el objetivo de que esta última quede más pequeña. La idea es que tenga únicamente lo que «sobre» de las demás categorías. Esto te ayudará a tener un mejor control sobre tus gastos. Puedes, por ejemplo, dividirla creando nuevas categorías como «Mascota» (si tienes una mascota de la que cuidas y le compras comida y otras cosas), «Compra de CDs» (si eres fanático de la música y te compras CDs muy seguido), «Maquillajes» o «Peluquería» (si eres muy coqueta y esto ocupa una parte importante de tu presupuesto, «Regalos» (si eres de esas personas a quienes les gusta regalar y estás todo el tiempo comprándoles cosas a tus amigos y familiares), «Guitarra» (si estás continuamente comprando púas, cuerdas, y accesorios para tu instrumento), etc., etc....

Cuando hayas terminado de dividir tus gastos en categorías, completa la siguiente planilla:

Detalle y total de gastos del mes. ¿Cuánto gastaste en...?	
Transporte	$
Comida	$
Salidas y entretenimiento	$
Vestimenta	$
Pago de deudas	$
Educación (clases, cursos, libros...)	$
Ayuda en casa o colaboración con los gastos de la familia	$
Gastos varios o misceláneas	$
Otros...	$
Otros...	$
Otros...	$
TOTAL de gastos reales: (suma todos los gastos anteriores)	$

Muy bien, ahora deja esto aparte por un momento. Organizaremos a continuación la información referida a tus entradas de dinero. Para eso, completa la siguiente planilla:

Detalle y total de entradas del mes. *¿Cuánto recibiste por...?*		
¿Cuánto dinero recibes cada mes de tus padres?	Anota aquí la cantidad de dinero que te dan tus padres cada mes. (Si te dan una cantidad de dinero por semana, entonces multiplica esta cantidad por 4,3 y coloca el resultado aquí. Esto es un aproximado, ya que en cada mes hay un poco más de 4 semanas).	$_____
¿Cuánto dinero recibes cada mes de otros parientes?	Anota todo el dinero que recibas regularmente, cada mes, de otros parientes (¿la abuela? ¿los tíos?...). No lo anotes aquí si fue algo excepcional de este mes, como tu cumpleaños u otra ocasión especial.	$_____
¿Tienes una entrada fija por algún trabajo?	Si estás trabajando a tiempo parcial o total, anota aquí el dinero que traes realmente. No coloques tu salario bruto (lo que figura en los papeles), sino lo que traes realmente a tu casa.	$_____
¿Realizas algún trabajo que no sea fijo, con ingresos variables?	Escribe aquí un promedio. Para esto, si es posible, suma lo que has traído en los últimos seis meses, y divide ese número entre seis. O suma los últimos tres meses y divide ese número en tres. Pero recuerda que cuantos más meses puedas sumar y dividir, más útil te resultará el dato.	$_____
¿Tienes entradas de dinero que no son fijas, provenientes de la venta de cosas?	Del mismo modo que en el punto anterior, calcula el promedio de tus ganancias de los últimos seis meses. (O de 12 meses si tienes los datos, sumando todo y dividiéndolo entre 12.)	$_____
¿Tienes alguna otra entrada eventual de dinero?	Si tienes entradas eventuales (que no ocurren todos los meses, ni de manera pareja), entonces no consideres ese dinero aquí y úsalo como ahorro, o para algún gasto específico. (Un ejemplo sería si te regalan dinero para tu cumpleaños).	$_____ (puedes anotarlo aquí pero recuerda no sumarlo)
SUMA LAS CANTIDADES ANTERIORES	(¡Suma todas menos la última!) Estas son todas tus entradas mensuales de dinero.	$_____

Réstale a la cantidad anterior otros impuestos que debas pagar	¿Hay algún impuesto o retención que debas pagar por tus entradas de dinero? (Esto puede variar de país en país, y tal vez no aplique para ti ahora, pero sí será importante cuando seas más grande. Si por ahora no te corresponde pagar ningún impuesto, coloca un cero en este casillero, e ignóralo).	$_____
INGRESO NETO	Estas son tus entradas mensuales totales (luego de haber pagado los impuestos, si es que te correspondía hacerlo).	$_____
Réstale a la cantidad anterior tus donaciones.	Aquí entran tus diezmos, ofrendas, y cualquier donación que hagas regularmente. Dale al César lo que es del César, pero también a Dios lo que es de Dios, y recuerda que es mucho mejor dar que recibir. Aprende a ser generoso, y no solo lleves dinero a la Iglesia, sino también aprende a dar y a compartir con los necesitados.	$_____
Este es tu DINERO DISPONIBLE (DD) mensual.	Esta es la cantidad de dinero con la que tienes que aprender a vivir.	$_____

Imagina qué ocurriría si tomaras una balanza y pusieras todos tus ingresos en un platillo, y todos tus gastos en el otro. ¿Hacia qué lado se inclinaría?

¡Muy bien! Ahora que ya sabes cuánto es tu dinero disponible (de aquí en adelante lo llamaremos «DD»), debes *comparar* esa cantidad con tus gastos reales (los que habías calculado en la planilla anterior).

Imagina qué ocurriría si tomaras una balanza y pusieras todos tus ingresos en un platillo, y todos tus gastos en el otro. ¿Hacia qué lado se inclinaría? ¡Eso es lo que queremos averiguar!

Usa la siguiente planilla para hacer las cuentas. Toma la cifra del DD y réstale el TOTAL de los gastos reales. Esto te va a dar una idea de cómo andas económicamente. Este número final es como el termómetro de tu vida económica, como una radiografía de tus finanzas, y equivale a la cantidad con que te quedas en el bolsillo al final de cada mes. Haz la resta aquí:

DD (dinero disponible)	$_____
- TOTAL de GASTOS reales mensuales	- $_____
SALDO mensual (Este es el dinero que te queda a fin de mes, o las deudas que vas acumulando...)	$_____

¿ES TU SALDO POSITIVO O NEGATIVO?

Si esa última cuenta te dio como resultado un número positivo, es decir, si tus gastos fueron menores que tu DD, mírate al espejo urgente... ¡Puede que tengas la piel verde, los ojos amarillos, y dos antenas saliendo de tu frente! En ese confirmarías lo que me temo: ¡Eres de otro mundo!

En realidad, y salvando la pequeña broma, lo cierto es que perteneces a un grupo muy reducido de personas en el planeta: Aquellos que gastan menos de lo que ganan. ¡Te felicito! Lo único que tienes que hacer ahora es ajustar tu plan de acuerdo con tus sueños y metas para el año que viene. ¡Andas por buen camino!

Si esa última cuenta te dio como resultado un saldo negativo, entonces debes corregir tu plan...

¡Acompáñame al capítulo siguiente y te enseñaré cómo hacerlo!

Ahora te toca a ti

1) El tercer paso para controlar tu dinero consiste en separar los gastos que realizaste en distintas categorías, organizar la información referida a tus entradas de dinero, calcular tu DD, y comparar esa cantidad con tus gastos reales. ¿Pudiste llevar adelante este paso? ¿Fue tu saldo positivo o negativo?

_____

_____

Marca esta casilla cuando logres completar este paso ☐

Notas

Capítulo 8

DECISIONES DIFÍCILES (PERO NECESARIAS)

Al final del capítulo anterior hicimos juntos una cuenta muy importante, ¿la recuerdas? Comparamos tu DD (dinero disponible) con el total de tus gastos reales. Si esa resta te dio como resultado un número negativo, ¡bienvenido al club! La mayoría de las personas en este mundo tienen el mismo problema que tú: gastan más de lo que ganan.

Como seguramente ya te estarás imaginando, este número negativo significa que vas a tener que hacer algunos cambios importantes. Esto nos lleva al...

PASO 4: CORRIGE TU SITUACIÓN FINANCIERA

Por empezar, vas a tener que mirar seriamente las planillas que completaste en el capítulo anterior y tomar algunas decisiones drásticas. Frente a la situación en la que te encuentras, tienes tres decisiones posibles:

- ○ O incrementas tus ingresos
- ○ O bajas tus gastos (y tu «nivel de vida»)
- ○ O haces las dos cosas al mismo tiempo

Un consejo: no busques más y más trabajos solamente para aumentar tus ingresos a fin de mantener tu «nivel de vida» o tu «estatus social». Tus estudios podrían sufrir, o tu salud (si es que te cansas mucho y duermes poco), y estarías sacrificando lo trascendente en el altar de lo intrascendente.

Ya hace algunos capítulos, cuando hablamos del valor del trabajo, vimos distintas formas de aumentar tus ingresos, así que ahora quiero ayudarte un poco a pensar en cómo podrías bajar tus gastos. Y no sé cuáles sean esas decisiones difíciles que necesitas tomar hoy, pero quiero darte una lista de ejemplos, para que tengas idea del tipo de decisiones que otros han tomado y que puedes tomar tú también:

- Ir caminando o en bicicleta en lugar de utilizar otros transportes más costosos

- Cambiar de plan en el celular a uno con un límite de gastos fijo

- Vender cosas que ya no utilizas

- Comenzar a comprar ropa usada, o (si tienes la habilidad) coser tu propia ropa

- Llevar tu propia comida al trabajo o a la escuela en lugar de comprar cada día comidas hechas (que son más caras)

- Limitar las salidas a dos fines de semana por mes, en lugar de salir todos los fines de semana

- Ponerte de acuerdo con tu novio o novia en que solo se harán regalos caseros, o que solo comprarán cosas de hasta cierto precio, en lugar de los regalos costosos que suelen hacerse

- Comprar libros usados en lugar de nuevos

- Buscar la forma de hacer un trueque en lugar de pagar para obtener ciertas cosas que quieres (por ejemplo, podrías ofrecerle a una profesora de inglés que te dicte clases a cambio de que cada semana dediques unas horas al mantenimiento de su jardín, o pedirle una rebaja a tu profesor de guitarra a cambio de lavar su automóvil cada viernes...)

- Evitar pasar por lugares que sabes que te resultan tentadores y te inducen a gastar más de lo debido (por ejemplo, si todos los días para ir de la escuela a casa debes pasar por una calle comercial llena de tiendas con ropa y accesorios de moda, y sabes que estás gastando más de lo necesario en ese rubro, intenta dar un rodeo, aunque tengas que caminar unas cuadras de más, a fin de llegar a tu casa por otro camino)

Muy bien, ¿estás listo para tomar estas decisiones y preparar un nuevo plan? Entonces tómate un tiempo para llenar de la siguiente manera la planilla que aparece a continuación...

En la columna «Ahora» coloca las entradas y gastos que descubriste durante ese mes de recolección de información. Es decir, vuelve a copiar la información de las planillas que completaste anteriormente.

En la columna «Nuevo plan» coloca las entradas y gastos que te has propuesto. ¿Entiendes cómo funciona esto? La idea es que puedas lograr que la suma de los GASTOS TOTALES sea menor a la cantidad de DINERO DISPONIBLE.

Presta atención y verás que en este listado hemos agregado una categoría muy importante: el ahorro. Obedece la regla del 80-10-10 que yo siempre recomiendo seguir: 10% para Dios, 10% para ahorrar, y el 80% restante para vivir. Lo ideal sería que pudieras acumular a lo largo del tiempo el equivalente a dos o tres meses de DD. Esto tal vez no te sea tan útil ahora que eres adolescente, pero de seguro me agradecerás la idea cuando seas un adulto. ¡Recuerda que con este libro estás aprendiendo a administrar el dinero de una manera que te servirá también cuando seas más grande! Pero no te preocupes. Hablaremos en profundidad sobre el ahorro más adelante. Ahora sigamos con la planilla...

Nuevo plan mensual de gastos y ahorro		
Categoría	**Ahora**	**Nuevo Plan**
INGRESO NETO	$	$
Menos donaciones	- $	- $
DINERO DISPONIBLE	$	$
Ahorro (¡nuevo!)	$	$
Transporte	$	$
Comida	$	$
Salidas y entretenimiento	$	$
Vestimenta	$	$
Educación	$	$
Ayuda en casa	$	$
Otros:_____	$	$
Otros:_____	$	$
Otros:_____	$	$
Gastos varios	$	$
GASTOS TOTALES	$	$
SALDO (DINERO DISPONIBLE menos GASTOS TOTALES)	$	$

Todo el dinero que entra debe ir a parar a alguna parte, ¡pero cuanto más ahorres, mejor!

Tal vez tengas que jugar un rato sobre la planilla con un lápiz y una goma de borrar hasta que estés satisfecho con tu «Nuevo plan». Puede ser difícil lograr que la suma de tus GASTOS resulte menor que tu DD, pero recuerda que es la única opción si quieres tener una economía personal saludable. En realidad, como en este «Nuevo plan» incorporamos el ahorro, lo que deberías buscar es que la resta te dé cero. Es decir, reduce al máximo posible tus gastos, y luego si ves que te está «sobrando» dinero, aumenta la cantidad que colocaste en el casillero de «Ahorro» y tendrás resuelto el problema. (Todo el dinero que entra debe ir a parar a alguna parte, ¡pero cuanto menos gastes y más ahorres, mejor!)

Ahora sí, solo te falta un paso para tener tu vida económica en orden. ¡Lo veremos juntos en el próximo capítulo!

Ahora te toca a ti

1) El cuarto paso para controlar tu dinero consiste en hacer las modificaciones necesarias en tu vida para que el saldo de tus ingresos y gastos dé positivo. También incluye diseñar un «Nuevo plan mensual de gastos y ahorro». ¿Pudiste diseñar tu «Nuevo plan»? ¿Tuviste alguna dificultad al hacerlo? ¿Cómo la resolviste?

_____
_____

Marca esta casilla cuando logres completar este paso ☐

Notas

Capítulo 9

¡MANOS A LA OBRA!

Ahora voy a compartir contigo uno de los secretos más importantes para tener éxito en el manejo del dinero: De nada sirve que decidas con inteligencia y sabiduría cuánto vas a gastar en cada categoría ¡si cuando llega la hora de la verdad no puedes controlar tus gastos! Por eso este capítulo está dedicado al...

PASO 5: CONTROLA TU PLAN

¿Cómo controlar el plan que acabamos de terminar de hacer? Bueno, hay varias maneras de controlar un plan: con planillas dibujadas en un cuaderno, con una aplicación en el celular, con el software que elegiste al principio, o con archivos de Excel®. Pero si no tienes la posibilidad de usar ninguno de esos sistemas, te voy a proponer un sistema que le hemos enseñado a decenas de miles de personas en todo el continente: el sistema de control de gastos con sobres. Es muy pero muy sencillo, ¡y realmente funciona! En mi casa, por ejemplo, usamos la computadora para recabar información, pero empleamos los sobres para controlar la forma en que gastamos nuestro dinero.

Muy bien. Lo primero que debes hacer es decidir cuánto vas a gastar cada mes en cada categoría. Esto ya lo has hecho al completar la planilla anterior.

En segundo lugar, debes decidir cuáles de esas categorías necesitas manejar con dinero en efectivo *todas las semanas*. Esta distinción es importante porque tal vez tengas algunos gastos mensuales que sean fijos y para los que no tenga sentido el sistema de sobres. Por ejemplo, si pagas de manera mensual tu cuota del gimnasio, simplemente retirarás esa cantidad en determinado momento del mes. Sin embargo, hay otras categorías de gastos que implican pequeños pagos más frecuentes, incluso diarios, y es a estos gastos que nos referimos aquí. Por ejemplo la comida, el entretenimiento, los gastos de transporte, etc.

El tercer paso es dividir esos gastos mensuales que te has fijado para esas categorías en cuatro partes iguales y decretar cuatro «días de pago personal» al mes. Serán el día 1, el 8, el 16 y el 24. En mi casa los llamamos «días de pago familiar».

Atención: no te estoy recomendando que dividas el mes en cuatro semanas, sino en cuatro días de pago. Esto es porque los meses tienen un poco más de cuatro semanas, y de vez en cuando aparece un mes que abarca cinco semanas distintas, y una de las razones por las que estas armando un plan es para proveer coherencia a tus gastos. La quinta semana haría que tu plan sea incoherente y que te quedes sin dinero hacia el final del mes. Olvídate, entonces, de cuántas semanas tiene el mes, y concéntrate en los días 1, 8, 16 y 24.

Despreocúpate también de la fecha en que cobras tu salario o el resto de tus entradas de dinero. Cuando cobres, simplemente asegúrate de que el dinero vaya al lugar donde normalmente lo guardas. Allí irás acumulando todos tus ingresos.

Luego el día 1, el 8, el 16 y el 24 serán los días en que iras al banco (o a la cajita debajo de tu cama) para retirar el dinero en efectivo que necesitaras para funcionar los próximos siete u ocho días, y colocarlo en los sobres correspondientes.

No te preocupes de los otros gastos ahora (los que llamamos «fijos y mensuales»). Si armaste correctamente tu plan de control de gastos de acuerdo con los parámetros que te hemos sugerido, esa parte del plan «se cuida sola». La mayoría del dinero que desperdiciamos se nos va a través de nuestros gastos variables y del dinero en efectivo que tenemos en el bolsillo. Eso es lo que viene a solucionar el sistema de sobres.

Llegó la hora. ¡Vamos a hacer cuentas!

Una aclaración: Para enseñarte como funciona esta parte del sistema necesito usar números concretos, pero como los nombres de las monedas cambian de país en país (así como también sus valores), voy a utilizar aquí «pesos de un país imaginario». Yo no sé dónde vives tú, y tal vez allí un helado cueste 2 pesos (en tu moneda local), o tal vez cueste 20.000 pesos. Por eso voy a usar «pesos de un país imaginario». Tal vez las cantidades te parezcan ridículas, porque difieran mucho de lo que cuestan las cosas en tu país, pero lo importante es que puedas entender los conceptos que voy a ejemplificar con estos números. Luego podrás aplicar el sistema sin problemas a la realidad de donde vives.

Muy bien, pasemos entonces a las cuentas. ¿Cuánto vas a gastar, por ejemplo, en comida? Si al hacer tu plan mensual decidiste que vas a gastar 200 pesos en comida por mes, entonces cada «día de pago personal» vas a tomar 50 pesos de tu cajita (200 dividido 4) y vas a ponerlos en un sobre que diga «Comida». Deberán servirte para comer durante los próximos siete u ocho días. ¡Este debe ser un compromiso firme de tu parte!

Por poner otro ejemplo, si decidiste que vas a separar 80 pesos por mes para comprarte ropa, entonces cada «día de pago personal» retirarás de tu cajita 20 pesos (80 dividido 4) y los pondrás en un sobre que diga «Vestimenta». Ese es el límite de lo que podrás gastar en comprarte ropa durante los próximos días hasta el siguiente «día de pago personal».

Siguiendo con los ejemplos, si decidiste que vas a gastar 100 pesos por mes en salidas y entretenimiento, entonces cada «día de pago personal» retirarás de tu cajita 25 pesos (100 dividido 4) y los pondrás en un sobre que diga «Salidas y entretenimiento».

¿Te das cuenta de que aquí no importa si recibes

Categorías (Recuerda que aquí no van todas las categorías de gastos, sino solo las que necesitas manejar con dinero en efectivo *todas las semanas*)	Total a retirar por mes (Según el plan mensual que habías hecho)	Dinero a retirar cada «día de pago personal» (El número de la columna anterior dividido 4)			
		Día 1	Día 8	Día 16	Día 24
Comida	$ 200	$ 50	$ 50	$ 50	$ 50
Vestimenta	$ 80	$ 20	$ 20	$ 20	$ 20
Salidas y entretenimiento	$ 100	$ 25	$ 25	$ 25	$ 25
Transporte	$ 60	$ 15	$ 15	$ 15	$ 15
Gastos varios	$ 120	$ 30	$ 30	$ 30	$ 30
Total a retirar cada «día de pago personal»	→	$ 140	$ 140	$ 140	$ 140

Esto quiere decir que cada «día de pago personal» tomarás 140 pesos del banco (o de tu cajita) y los repartirás como indica la planilla en los sobres correspondientes a las categorías elegidas. Luego los usarás para realizar todos tus gastos en efectivo hasta el próximo día de pago.

¡Ahora tienes una forma de control! Sabes que cada siete u ocho días vas a disponer de 140 pesos en efectivo para tus gastos variables. ¡Maravillosamente has convertido tus gastos variables en gastos fijos!

A partir de este momento tú estás al mando de tu economía. ¡Tú controlas el dinero y el dinero no te controla a ti! ¿No es genial?

¡Te animo a que lo pruebes aquí y ahora! Intenta definir tus gastos en dinero en efectivo para cada día de pago, según el cuadro que completaste hace algunas páginas con tu «Nuevo plan»...

Categorías (Recuerda que aquí no van todas las categorías de gastos, sino solo las que necesitas manejar con dinero en efectivo *todas las semanas*)	Total a retirar por mes (Según el plan mensual que habías hecho)	Dinero a retirar cada «día de pago personal» (El número de la columna anterior dividido 4)			
		Día 1	Día 8	Día 16	Día 24
Total a retirar cada «día de pago personal»	→				

¡Muy bien! Ahora solo te falta conseguir algunos sobrecitos para distribuir entre ellos el dinero en efectivo que retirarás cada «día de pago personal». A uno de los sobres le escribirás la palabra «Transporte», a otro «Comida», a otro «Vestimenta», etc. De este modo tendrás un sobrecito para cada una de las categorías que has colocado en el cuadro anterior.

Entonces, como vimos, cada «día de pago personal» tomarás del banco (o de la cajita que guardas debajo de tu cama) el monto que figura el cuadradito que corresponde a ese día en la última fila del cuadro, y lo repartirás, según corresponda, entre todos los sobrecitos.

Siguiendo el ejemplo anterior, si decidiste que vas a gastar 15 pesos en transporte entre cada «día de pago personal» y el siguiente, entonces tomarás el sobrecito que dice «Transporte» y colocarás allí 15 pesos. Luego, cuando vayas a tomar el autobús o a cargar nafta en tu motocicleta, tomarás el sobre que dice «Transporte» y pagarás con el dinero que hay en él. El problema puede surgir si se te acaba el dinero de ese sobre antes del siguiente «día de pago personal»... Y bueno, ¡caminar hace bien a la salud!

Lo mismo ocurre en el área del entretenimiento. Imagínate que llega el domingo. Al salir de la iglesia, tu amiga Carolina te dice:

–¡Vamos a comernos una pizza!

¿Qué haces entonces? Sencillo: tomas el sobrecito del «Salidas y entretenimiento» y miras para ver si tienes dentro el dinero suficiente como para ir a comer una pizza. Si no tienes el dinero necesario, entonces le dices a tu amiga: –¿Sabes qué? Lo siento, pero va a tener que ser la próxima semana, porque he gastado todo el dinero que tenía asignado a entretenimiento para esta semana.

Quizás Carolina te diga:

–No te preocupes, yo pago.

Entonces muy amablemente le sonríes y le dices:

–¡Gracias! ¡Eres una buena amiga!

O quizás Carolina no tenga dinero como para pagar tu parte de la pizza también. En ese caso, las dos esperarán una semana, o pensarán en un plan alternativo (más barato) para pasar la tarde entre amigas. Tal vez ella quiera venir a tu casa y puedan cocinar algo juntas. De una manera u otra, habrás cumplido tu plan, y eso es lo que importa ahora.

Lo mismo debe ocurrir con el resto de los sobrecitos. Una vez que se te acabó el dinero en el sobre correspondiente, no vas a poder ir a cortarte el cabello o a hacerte las uñas hasta la semana que viene. ¿Por qué? Porque el sobre está vacío y tú te has comprometido a esperar hasta el próximo «día de pago personal».

Tal vez no vas a poder bajar juegos o música, o comprarte tu chocolate preferido, porque ya has gastado demasiado en esa categoría. Quizás alguna otra área de tu vida tenga que sufrir las consecuencias. No importa. ¡Es más importante que cumplas tu compromiso!

> ¡**Los** que no tienen un plan, no saben cuándo parar de gastar!

¿Lo ves? ¡Esa es la diferencia entre los que tienen un plan y los que no! ¡Los que no tienen un plan, no saben cuándo parar de gastar!

No te quiero mentir... Vas a sufrir un poco durante dos o tres meses. ¡Pero una vez que aprendas que no hay que gastar todo el dinero del sobre al comienzo de la semana, y veas cómo toda tu economía va mejorando, vas a comprender lo poderoso que es este sistema de organización!

Muy bien. Ya tienes un plan personal y también tienes una forma concreta y práctica de controlarlo. Y si a tus amigos, a tu familia, a tus compañeros de trabajo, o a la voz de tu propia inseguridad, se les ocurre abrir la boca para intentar decirte que no podrás hacerlo, ¡no los escuches!

El futuro está en tus manos. Tú puedes, si quieres.

Ahora te toca a ti

1) El quinto paso para controlar tu dinero consiste en vigilar que se cumpla el plan que te habías trazado. Este paso incluye dividir tus gastos mensuales variables en cuatro partes iguales y decretar cuatro «días de pago personal». ¿Pudiste llevar adelante este paso? ¿Tuviste alguna dificultad al hacerlo? ¿Cómo la resolviste?

_____

_____

Marca esta casilla cuando logres completar este paso ☐

Notas

Capítulo 10

NO CAIGAS EN LA TRAMPA

Una de las grandes ventajas de los juegos electrónicos es que si a uno lo matan en combate, siempre tiene la posibilidad de comenzar de nuevo como si nada hubiese pasado. ¡Esto es genial! Sin embargo, en la vida real las cosas no son así. Cuando caemos en alguna trampa y somos «heridos» o «morimos» financieramente, las consecuencias de nuestras malas decisiones nos acompañan en los años por venir, y en algunos casos para toda la vida...

Tú podrías decirme que todo el mundo «mete la pata» en algún momento, y es cierto. Es una característica de los seres humanos. Sin embargo, si yo puedo ayudarte a no cometer los mismos errores que cometí cuando tenía tu edad, entonces puedo ponerte sobre una plataforma que te llevará mucho más lejos económicamente, ¡y eso me hará muy feliz!

Es por eso que dedicaré este capítulo entero a hablarte sobre los errores más comunes que las personas cometen al manejar su dinero. Si los conoces, ¡podrás estar atento para evitarlos!

Estos son:

• ERROR 1: COMPRAR COSAS QUE NO NECESITAS CON DINERO QUE NO TIENES

Esto es, en realidad, más común de lo que crees. Tienes tu primer trabajo, estas ganando algo de dinero, y piensas que por fin «mereces darte un gusto». Eso no es malo, siempre y cuando tengas el efectivo para hacer las compras y los gustos no sean demasiados.

También debes considerar tus compras a la luz de la voluntad del verdadero Dueño de tu dinero. ¿Cómo gastaría ese dinero

Jesús? ¿Cómo quisiera Dios que inviertas los recursos que él está poniendo en tus manos? Piénsalo...

La otra razón por la que uno llega a comprar cosas que no necesita es la presión de los amigos y de las oficinas de *marketing* (o mercadeo) de las grandes empresas por venderte los últimos gritos de la moda, y por hacer que quieras todo y lo quieras ya. ¡Resiste! Compra solo lo que realmente necesites, y en lugar de comprar primero y pagar después, ahorra primero y compra después.

• ERROR 2: CONFUNDIR NECESIDADES CON DESEOS

Ejercítate en distinguir qué cosas son *necesidades* y qué cosas son *deseos*.

Cuando tomé mis clases de psicología en la universidad aprendí sobre la famosa «Pirámide de Maslow». Esa escala divide las necesidades del ser humano en cinco áreas generales, que van desde las necesidades más básicas (fisiológicas), hasta la necesidad de sentirse realizados (pasando por las necesidades de seguridad, pertenencia y autoestima).[7]

Sin embargo, para no hilar tan fino, a los propósitos de este libro voy a definir como «necesidad económica» todas aquellas cosas que realmente necesitamos para sobrevivir: comida, vestimenta, un techo sobre nuestra cabeza, etc. No solamente cosas materiales o corporales, sino todo aquello que estemos verdaderamente necesitando para nuestra supervivencia como seres humanos (por ejemplo: seguridad, salud, transporte, etc.).

Debemos colocar nuestras necesidades en el nivel de prioridad más alto. Debemos buscar suplirlas a toda costa. Allí deben ir nuestros recursos financieros sin mayores dudas ni retrasos.

Cuando hablamos de las compras que tenemos que hacer, todo aquello que no es una necesidad, es un deseo. Ya sea un «deseo de calidad» (mediante el cual queremos satisfacer una necesidad con algo que tenga una calidad más alta), o bien un «deseo propiamente dicho», que sencillamente significa que quisiéramos tener algo que nos gusta (lo llamaremos simplemente «deseo»).

Déjame enseñarte a distinguir primero los «deseos de calidad» de las necesidades. Pensemos, por ejemplo, en el alimento. Todos estamos de acuerdo en que es una necesidad básica del cuerpo. Necesitamos comer para vivir. Sin embargo, si tú lo que quieres es ir a un centro comercial y comerte una hamburguesa doble con extra queso y papitas fritas al costado, eso es un deseo de calidad. Estás queriendo satisfacer una necesidad (comer) con un producto más costoso que otras alternativas (como comer otra cosa más barata, o comer en tu casa, por ejemplo).

Lo mismo podría aplicarse a todas las otras áreas de necesidades reales en nuestra vida. Necesitamos vestirnos, pero podemos elegir comprar un vestido en una tienda carísima, o podemos comprar un vestido en una tienda de vestidos usados. En ambos casos la vestimenta es una necesidad, pero la forma en la que queremos satisfacer esa necesidad puede transformar esa compra en un deseo de calidad.

Ahora veamos cómo distinguir qué cosas son un «deseo propiamente dicho». Como te dije antes, lo llamaremos simplemente «deseo», y esta es la clave para poder distinguirlo: Un deseo todo aquello que no tiene nada que ver con una necesidad.

Por ejemplo, si te compras un perfume, un CD de música, o unos dulces (que se comen, pero no alimentan), todos estos serían deseos, porque no están supliendo ninguna necesidad básica.

¿Ves la diferencia entre lo que son «deseos de calidad» (que satisfacen una necesidad real, pero con un producto más caro) y lo que son simplemente «deseos» (que no tienen nada que ver con una necesidad)?

Muy bien, entonces ahora es el momento de que te comparta el gran secreto que te servirá tanto para ahora como para el resto de tu vida: Deberíamos satisfacer nuestros deseos (y nuestros deseos de calidad) solamente después de haber satisfecho todas nuestras necesidades, y solamente si tenemos los recursos económicos para hacerlo (sin endeudarnos).

Presta atención, porque antes de salir de compras es importante que tengas claro lo que es una necesidad, lo que es un deseo de calidad, y lo que es un deseo propiamente dicho. En estos días, la gente tiene la tendencia de decir: «¡Necesito unos jeans nuevos!» o «¡Necesitamos un televisor más grande!», cuando en realidad deberían estar diciendo: «¡Cómo quisiera comprarme unos jeans nuevos como los de mi amiga (aunque ya tengo ocho pares de jeans en casa)!» o «¡Cómo nos gustaría tener un televisor más grande (aunque el que ya tenemos es bastante grande y funciona perfectamente)!».

Lamentablemente, a lo largo de los últimos treinta años hemos sufrido un proceso de condicionamiento que nos hace hablar de «necesidades» en vez de reconocer que estamos hablando de deseos. Lo malo es que, al hablar así, creamos una ansiedad interior que nos impulsa a querer satisfacer esa supuesta «necesidad». Y es entonces cuando gastamos nuestro dinero en cosas que realmente podrían esperar (¡o que directamente podíamos no comprar nunca!) y nos olvidamos de guardar para aquellas cosas que realmente necesitamos (ya sea en forma inmediata o a largo plazo).

Somos presas de las campañas publicitarias y de los esfuerzos de los medios de comunicación para llevarnos a consumir de forma inapropiada. Las empresas y oficinas de mercadeo gastan millones de dólares en campañas publicitarias para crearnos «necesidades» que no tenemos, y hacernos comprar productos que no necesitamos con dinero que no poseemos, ¡y todo esto para impresionar a gente que ni siquiera conocemos! Por eso, lo mejor que podemos hacer es estar bien informados, alertas y preparados.

· ERROR 3: ACUMULAR DEUDAS INNECESARIAS

Hay una muy buena razón por la que Salomón nos dice en Proverbios 22:7 que «el que pide prestado es siervo del que le presta», ¡y es porque esa es la pura verdad!

Tengo cientos de historias de terror con respecto al tema de las deudas. Yo sé que probablemente no estás pensando en casarte en los próximos meses. De todos modos quiero decirte que, a pesar de no tener un estudio científico que me apoye, luego de viajar casi 2 millones de kilómetros alrededor del mundo, mi experiencia me dice que una buena cantidad de parejas (entre el 40% y el 45% por ciento) se divorcian primordialmente por cuestiones económicas, y que un alto porcentaje de las parejas que se divorcian (quizás entre el 60% y el 70%) tienen problemas de dinero como parte del proceso del divorcio. De hecho, se dice que el dinero es la razón número uno por la que los casamientos terminan en divorcio en Estados Unidos, y sinceramente no creo que esto sea muy diferente para el resto de los países del continente americano. Ese es el motivo por el cual quiero ayudarte a que evites los problemas de dinero antes de que ocurran.

Pero este problema no afecta solo a las parejas. ¡Hay millones de personas solteras en el mundo sufriendo también por problemas de dinero! Jóvenes, adultos, ancianos... Seguramente si miras a tu alrededor podrás ver muchos ejemplos de personas que viven preocupadas, angustiadas o amargadas por cuestiones de dinero. Ya el simple hecho de tener que hacer malabarismos para poder vivir con un sueldo, o manejar un negocio, en un mundo tan complicado, hace que uno pueda estresarse un poco. Pero si a eso se le suman deudas acumuladas que resultan (o parecen) imposibles de pagar, el nivel de angustia es mucho mayor.

Por eso, hazme caso... ¡Huye de las deudas como de la plaga!

• ERROR 4: NO AHORRAR CON REGULARIDAD

Ser rico no significa tener un gran sueldo. Para ser rico no se necesita ganar mucho dinero. La riqueza es la acumulación de ese dinero.

Salomón dice en Proverbios 21:20 que «en la casa del sabio hay riquezas y perfumes en abundancia, pero el necio derrocha todo lo que tiene». ¡Y es verdad! ¡Hoy en día existen muchísimas personas que ganan un buen sueldo y, sin embargo, no son ricos! ¿Por qué? Porque se están dando la gran vida, gastándose cada peso que tienen encima. ¡Eso no es riqueza, es necedad!

Primero que nada, ten presente que no todo lo que brilla es oro y la riqueza no es lo que aparenta ser. Hay un libro muy interesante sobre el asunto, se llama *El millonario de al lado*[8] de Thomas J. Stanley y William D. Danko. Es uno de los libros más vendidos del mundo y es una ventana a la vida de los millonarios de Estados Unidos.

Stanley y Danko dedicaron años de trabajo e investigación a estudiar el comportamiento de los millonarios en Norteamérica.

Y descubrieron algunas cosas interesantísimas...

Una de las revelaciones que los autores hacen, por ejemplo, es que en Estados Unidos muchas personas que viven en casas costosas y manejan automóviles de lujo no tienen, en realidad, mucha riqueza. Y mucha gente que tiene una gran cantidad de riqueza no vive en los barrios más sofisticados del país.

La mayoría de la gente se confunde cuando piensa en el concepto de riqueza. Riqueza no es lo mismo que entradas de dinero. Uno puede tener un salario altísimo y no ser rico. Puede ocurrir simplemente que uno esté gastando todo lo que gana en una vida de alto vuelo. La riqueza, sin embargo, tiene que ver con lo que tú acumulas, no con lo que gastas.

¿Cuál es el secreto para acumular riquezas? Raramente se trata de tener suerte o de recibir una herencia. Ni siquiera está directamente relacionado con tener un título universitario o, incluso, con poseer un alto nivel de inteligencia. La riqueza, dicen Stanley y Danko, tiene que ver en la mayoría de los casos con un estilo de vida de trabajo duro, perseverancia, planeamiento y, sobre todo, de disciplina personal. La mayoría de esta gente vive gastando menos de lo que ganan, visten trajes baratos, manejan autos nacionales (la mayoría de estos millonarios nunca ha pagado más de 30.000 dólares por un automóvil en su vida), e invierten entre el 15 y el 20% de sus ingresos.

Sin embargo la mayoría de las familias en Estados Unidos no son ricas, a pesar de estar ganando más de 10.000 dólares por mes. La razón es que tienen una tendencia a caer en deudas y a consumir insaciablemente. Esas familias creen que si no demuestran tener posesiones materiales en abundancia no son exitosas...

No es que los verdaderos ricos sean avaros, pero odian el derroche. Puede que para el cumpleaños de la esposa le compren un tapado de visón (una demostración de amor y también una buena inversión). ¡Pero se enojarían si se dieran cuenta que la luz del baño ha quedado encendida sin razón durante toda la noche!

Además, el no tener ahorros hace que cuando vengan problemas a tu vida tengas que pedir dinero prestado. Y pedir dinero prestado puede meterte en serios problemas y traer mucho dolor a tu vida.

Puedes comenzar de a poquito. La cantidad no importa. ¡El ahorro es un hábito!

Esa es la razón por la cual necesitas empezar a ahorrar ahora mismo. Puedes comenzar de a poquito. La cantidad no importa. ¡El ahorro es un hábito! Por eso incluimos el ahorro en tu «Nuevo plan mensual de gastos y ahorro», ¿recuerdas? La idea es que comiences dándole a Dios primero (tus diezmos y ofrendas) y guardando sabiamente para tu futuro en segundo lugar. Como dije antes, la regla que yo recomiendo seguir es la regla del 80-10-10: 10% para Dios, 10% para ahorrar, y el 80% restante para vivir. Pero si por ahora no puedes ahorrar tanto (por ejemplo, si aún no trabajas y recibes el dinero justo de tus padres para los gastos reales que necesitas hacer en la semana) no importa, ¡ahorra lo que puedas! Siempre algo es mejor que nada, y lo fundamental es que empieces y desarrolles el hábito de ahorrar.

· ERROR 5: NO TOMAR RESPONSABILIDAD PERSONAL POR TUS FINANZAS

Por último, es necesario que tengas siempre presente este concepto: si tú no ordenas tus finanzas, alguien te las desordenará. Hasta ahora has vivido bajo el cuidado y la dirección financiera (buena, o no tan buena) de tus padres. Pero debes comenzar poco a poco a tomar tus propias decisiones económicas, y esto lleva un aprendizaje. De un tiempo a esta parte ya no habrá nadie a quien puedas echarle la culpa por tu fracaso económico.

Tú eres el arquitecto de tu futuro.

Ahora te toca a ti

1) ¿Has comprado alguna vez cosas que no necesitabas, con dinero que no tenías? ¿Qué compraste, y qué sucedió?

_____
_____
_____
_____

2) ¿Has comprado alguna vez cosas influenciado por la presión de tus amigos? ¿Qué compraste, y qué sucedió?

_____
_____
_____
_____

3) ¿Has comprado alguna vez cosas tentado por una campaña publicitaria? ¿Qué compraste, y qué sucedió?

_____
_____
_____
_____

4) ¿Crees que es importante aprender a distinguir entre necesidades y deseos? ¿Por qué sí, o por qué no?

_____
_____
_____
_____

5) Teniendo en mente todos los errores sobre los que trata este capítulo y reflexionando sobre tu propia vida,

¿qué costumbres consideras que deberías cambiar para comportarte más sabiamente en el área financiera?

_____

_____

_____

_____

Notas

Notas

_____
_____
_____
_____
_____
_____
_____
_____
_____
_____
_____
_____
_____
_____
_____
_____
_____
_____
_____
_____
_____
_____
_____
_____
_____
_____
_____
_____
_____
_____

Capítulo 11

¿POR QUÉ LA GENTE SE METE EN PROBLEMAS DE DINERO?

Los problemas de dinero, y en especial las deudas, están trayendo niveles altísimos de dolor y estrés a las personas en todo el mundo. Lo increíble es que, en la mayoría de los casos, el endeudamiento es algo que se puede evitar. ¡Tú no tienes que pasar por el mismo dolor que han pasado tus padres, o que pasarán muchos de tus amigos y amigas! Si escuchas los consejos que te comparto en este libro, como ya lo han hecho miles de adolescentes, jóvenes y adultos del continente, nunca estarás en esos apuros. Nunca conocerás el dolor de la esclavitud.

Exploremos juntos este tema. Para comenzar, veamos la principal razón por la que la gente cae en deudas...

Según mi experiencia, y voy a hablarte aquí primeramente de los adultos, la principal razón por la que la gente cae en deudas es porque se ha «estirado» económicamente más allá de lo que debía. Por ejemplo, ha comprado o alquilado una casa más grande de la que tendría que haber comprado, o ha adquirido un auto más caro del que tendría que haber adquirido, o ha hecho un negocio en el que no se tendría que haber involucrado...

Al principio el individuo no sufre las consecuencias de estar gastando más de lo que debiera porque hay gastos que no ocurren todos los meses. Por ejemplo, el auto no se rompe todos los meses, la casa no tiene problemas todos los meses, la familia no se enferma todos los meses... sencillamente, ¡las emergencias no vienen a nuestras vidas todos los meses!

La gente generalmente me dice: «Andrés, caímos en deudas porque nos vino una situación inesperada». Y yo pienso: «¡Lo inesperado no sería tan inesperado si lo estuvieras esperando!»

Así que aquí te comparto un consejo que puedes comenzar a aplicar a tu vida hoy mismo: Las cosas «inesperadas» van a venir a tu vida. ¡Espéralas! Somos seres humanos. Crecemos, vivimos, nos movemos... ¡cosas inesperadas nos van a ocurrir! Sabiendo esto, existe una sola forma de prepararnos para lo inesperado: ahorrando con regularidad.

Esa es la razón por la que desde hace algunos capítulos te vengo animando a tomar cada mes aunque sea el 5% de tu dinero disponible (el ideal sería llegar por lo menos al 10%), y colocarlo aparte para situaciones inesperadas. De esta manera crearás un *«fondo de emergencia».* Cuando seas mayor, la meta que deberías ponerte es lograr tener en efectivo (ya sea en una cuenta de banco o debajo del colchón) el equivalente a por lo menos dos o tres meses de salario, como fondo de prevención para situaciones inesperadas. Pero por ahora, con que vayas haciéndote el hábito de ahorrar el 5% o el 10% de tus ingresos cada mes, será más que suficiente.

¿CÓMO EVITAR PROBLEMAS CON LAS DEUDAS EN TARJETAS DE CRÉDITO?

Tal vez tú aún no tengas una tarjeta de crédito, ¡pero prefiero darte estos consejos antes de que los necesites, y no después!

¿Sabes cómo se conjuga el verbo «tarjetear»? Se conjuga: «Yo debo, tú debes, él debe...».

Fuera de broma, el uso de las tarjetas de crédito se está convirtiendo en un verdadero dolor de cabeza para millones de personas. Las tarjetas y las deudas se acumulan y, juntamente con ellas, las tensiones personales y familiares. El crédito fácil ha sido un veneno para muchas de nuestras familias. Por un lado, porque muchos crecimos en un pasado donde tener crédito era solo una cosa de ricos y, entonces, nunca aprendimos a manejarlo. Por el otro, las oficinas de mercadeo en estos días promueven la idea de «compre ahora y pague después»: una filosofía de consumo peligrosa. Así que, antes de «tarjetear» debes tomar en cuenta ciertos principios económicos para no tener jamás problemas con el uso de tu crédito.

Primero, cuando por tu edad y por tus actividades ya vayas necesitando algo más que solo usar efectivo, consíguete una tarjeta de débito y úsala como si fuera dinero en efectivo. La mayoría de los bancos respetables tienen tarjetas de débito para gente joven, y estas tarjetas funcionan en los comercios de la misma manera que las de crédito (con la diferencia de que con una tarjeta de débito solo puedes gastar hasta una suma de dinero determinada, que es la que tienes en tu cuenta, mientras que con una tarjeta de crédito puedes gastar más de lo que tienes, ¡y ahí aparece el peligro de endeudarte!). Algunos bancos ofrecen tarjetas de débito para menores de edad asociadas a las cuentas de sus padres, con un límite de compra fijado por estos. Más adelante, cuando empieces a trabajar, tú podrás abrir tu propia cuenta que te permita tener una de estas tarjetas.

Las ventajas de tener una tarjeta de débito son que puedes llevar mucho menos dinero en efectivo encima, reduciendo el peligro de que te roben, y comprar con la tarjeta de débito de la misma manera en que lo harías con una de crédito. Pero la principal ventaja es la que ya te expliqué: cuando se acabó el dinero en tu cuenta, también se acabó la posibilidad de que sigas gastando. ¡Esto te pone un límite automático y te evita llegar a endeudarte!

En realidad sí hay una diferencia entre usar efectivo y tarjeta de débito, y es que uno realmente gasta más con la tarjeta de débito que usando dinero en efectivo. ¿Por qué? Bueno, esto tiene que ver con la sensación que experimentamos al pagar con dinero «contante y sonante», es decir, lo que sentimos al sacar esos papelitos de colores de nuestro bolsillo y entregárselos a la cajera del negocio, que es bien distinto de lo que sentimos si le damos una tarjeta de plástico y a los diez segundos nos la devuelve. Es como que «sufrimos» menos, porque no nos damos cuenta de que estamos desprendiéndonos de ese dinero que tanto nos costó tener...

Por eso, nunca compres algo con la tarjeta de débito que no esté en tu plan. Cuando te encuentres frente a la posibilidad de una compra, considera si lo que vas a comprar está dentro de tu plan de gastos. Si no está dentro del plan económico que has hecho, date media vuelta y márchate. (Sí, así es. ¡Antes de gastar primero debemos aprender a ordenarnos!)

En resumen:

Usa efectivo lo más que puedas.

Si no, usa una tarjeta de débito.

¡Y evita las tarjetas de crédito!

De todos modos, y a pesar de lo que te acabo de decir, quiero dejarte aquí algunos consejos que te servirán si en algún momento tienes una tarjeta de crédito, ¡para que por lo menos puedas usarla con sabiduría! También puedes compartirlos con tus padres, o con algún amigo que pueda necesitarlos.

1. Nunca «desvistas a un santo para vestir a otro». Si una persona está comprando comida, gasolina, y otras necesidades básicas de su familia con tarjeta de crédito, probablemente sea porque se ha gastado el dinero destinado a estas cosas en otro lado. En este caso, como familia deberían preguntarse: ¿por qué no tenemos el dinero disponible para los gastos cotidianos y necesarios?

2. Comprométete a pagar cada mes el ciento por ciento del balance. Hazte la promesa de que cuando llegue el fin del mes, pagarás siempre todo lo que cargaste en la tarjeta durante el mes. De esa manera, nunca pagarás intereses. Hoy en día, con el alto interés que están cobrando las tarjetas y lo pequeño que suele ser el «pago mínimo», si uno hace solamente ese pago mínimo no saldrá fácilmente de su esclavitud económica. Incluso, en algunos casos específicos, si haces solo el pago mínimo que indica la tarjeta, en realidad no solo no avanzarás en la reducción de tu deuda, ¡sino que te continuarás hundiendo!

3. Si no puedes manejarla, comprométete a no usar más tu tarjeta de crédito. Si uno ha hecho el compromiso de pagar cada mes todo lo que coloca en la tarjeta de crédito y, de pronto, hay un mes en el que no puede cumplir con su promesa, entonces uno debe aplicar este tercer principio que es, en realidad, una buena forma de practicar nuestras habilidades como chef... Esta es una receta de cocina que me pasaron hace algún tiempo atrás:

a) Calienta el horno a fuego mediano hasta llegar a los 170° C (350° F).

b) Prepara una bandeja para pizza y úntala con aceite o manteca.
c) Coloca tus tarjetas en la bandeja, y coloca la bandeja en el horno por quince minutos.

d) Mientras pasan los 15 minutos, llama a la compañía y diles que cuando caduque la tarjeta no quieres que te manden ningún remplazo.

Por las dudas te aclaro que era una broma. ¡Por favor no hagas lo que acabo de indicarte, pero tampoco te sientas mal si descubres que las tarjetas de crédito no son para ti! Lo que ocurre es que hay ciertos tipos de personalidad que manejan mejor los conceptos y las ideas concretas. Esas personas (entre ellos tengo algunos amigos míos muy cercanos) no deberían manejar un concepto abstracto como es el concepto del crédito. Si «tarjetear» no es para ti, ¡maneja dinero en efectivo!

Créeme: si cumples en tu vida financiera estos tres simples principios económicos nunca tendrás problemas con este tipo de deudas, ¡y desde ahora podrás comenzar a conjugar el verbo «tarjetear» de una manera diferente!

¿CUÁLES SON ALGUNAS PAUTAS, NORMAS O REGLAS PARA PEDIR PRESTADO?

Pedir prestado es otra de las formas más comunes de endeudarnos. Aquí te comparto algunos principios para ayudarte con este tema:

1. Pedir prestado no es un «pecado». Si fuera pecado, Dios nunca le hubiese permitido al pueblo de Israel prestarse los unos a los otros. Él les dio permiso para que se prestaran mutuamente, aunque al mismo tiempo, les dio claros lineamientos sobre el tema. (Por ejemplo en Éxodo 22:25, Levítico 25:35-37, y Salmos 37:21)

2. Lo que sí es cierto es que través del tiempo, las culturas y la Palabra de Dios, siempre han asociado las deudas con una idea negativa y no recomendable. En la Biblia no está prohibido pedir prestado, pero se presenta como algo indeseable y que uno debería hacer solo en casos extremos. No como en nuestros días, en los que el crédito se ha convertido en un integrante más de nuestra planificación financiera.

Mientras le debes dinero a alguien, te conviertes en su esclavo

Por regla general, mientras le debes dinero a alguien, te conviertes en su esclavo, ya sea que se trate de una persona o de una institución. Y siempre es mejor estar en la posición de dar que de recibir. El que pide prestado está generando una dinámica muy peligrosa en la que si no es cauteloso y disciplinado en devolver lo que debe, puede permanecer en esta situación por años, terminar pagando hasta diez veces lo que tomó prestado, y haberse privado a sí mismo y a los suyos de muchos beneficios que le hubiera otorgado el haber estado en control de sus finanzas.

3. Pedir prestado debería ser un compromiso a *corto* plazo, y esto no suele ser así con los bancos de hoy en día. Muchos bancos y compañías de crédito están prestándole dinero a gente que jamás debería recibir un préstamo (porque por su situación económica es seguro que no van a poder pagarlo). Los prestamistas lo saben, y están flexibilizando las reglas para prestar dinero porque para ellos el negocio es tener a la gente pagando intereses y no pagando sus deudas. ¡Es por eso que la gente hoy en día se está endeudando cada vez a más largo plazo! Nosotros, entonces, deberíamos tratar de pagar nuestras deudas lo antes posible.

Recuerda también que quizás los bancos te aprueben un préstamo por una cantidad de dinero más alta de la que necesites. Ten cuidado con esto, y toma un préstamo solamente por la cantidad de dinero que tu presupuesto te permita pagar mensualmente.

4. Lo que se pide prestado se debe devolver. Lo que se pide, se paga. Si tú te comprometiste con alguien a pagarle algún dinero, tú diste tu palabra. No importa que hayas firmado un papel o no. Tu palabra representa tu honor, tu carácter, tu ser. Debes cumplirla *siempre*. Esto va incluso más allá de lo que las leyes de tu país puedan obligarte a pagar. La moral y la Biblia dicen que nuestro «sí» debe ser «sí» y nuestro «no», debe ser «no» (Mateo 5:37) y que es mejor no hacer una promesa, que hacerla y no cumplirla (Eclesiastés 5:5). Así es que cada una de las deudas adquiridas, eventualmente se deberían pagar... aunque nos tome el resto de la vida hacerlo.

5. Solo deberíamos pedir prestado bajo el principio del compromiso garantizado (PCG). Este principio dice que «uno no debe hacer un compromiso económico a menos que tenga la certeza absoluta de que lo puede pagar».

La idea del compromiso garantizado proviene de Proverbios 22:26-27 donde leemos: «No te comprometas por otros ni salgas fiador de deudas ajenas; porque si no tienes con qué pagar, te quitarán hasta la cama en que duermes» (NVI).

El énfasis del concepto surge de la primera y la tercera frase: «No te comprometas... si no tienes con qué pagar». La idea principal aquí es que cada vez que uno se compromete económicamente debe hacerlo solamente si tiene una forma segura de pagar la deuda.

El problema con las deudas no se encuentra en si adquirirlas o no, se encuentra en la manera en la que lo hacemos, en los compromisos que asumimos. A veces somos casi suicidas por la forma en la que estructuramos nuestros préstamos...

Cuando uno entra en una deuda, lo primero que se debe preguntar es: «¿Cómo podré salir de ella?». La primera cosa que uno debe hacer al tomar una deuda es «dibujarse» una salida.

Por ejemplo, cuando tomamos un préstamo, cualquiera sea el motivo por el que lo hacemos, lo primero que debemos pensar es: «¿Cómo salgo de esto en caso de emergencia?». Debemos manejar nuestras finanzas de la misma manera en la que deberíamos manejar nuestro automóvil: siempre pensando hacia dónde maniobrar en caso de que se nos presente en el camino algo inesperado.

6. Nunca deberíamos caer en la «presunción del futuro» o «presunción del mañana». Esta regla dice que uno «nunca debería hacer un compromiso presente basado *solamente* en ganancias futuras». Este es un concepto muy importante que se debe tener en cuenta siempre antes de tomar un compromiso económico.

La enseñanza sobre la presunción también proviene del libro de Proverbios. Allí, en Proverbios 27:1, leemos: «No presumas del día de mañana, porque no sabes lo que el día traerá». Todos sabemos que el mañana no nos pertenece, sin embargo muchas veces nos «jugamos» el futuro confiando en la «suerte», como si jugáramos a la lotería...

Deberíamos evitar presumir del mañana. Para eso, cada vez que tomamos un compromiso económico debemos hacerlo con una mezcla de ganancias pasadas (teniendo una reserva grande de dinero por si acaso) y no basándonos exclusivamente en supuestas ganancias futuras, y asegurándonos también de que siempre podemos salir, de una manera u otra, del compromiso adquirido sin quedar atrapados en una deuda impagable.

A veces se me han acercado adultos a decirme: «Pero Andrés, si yo compro esta máquina a pagar en cuotas, y la máquina produce lo suficiente como para poder pagar las cuotas, ¿por qué no hacerlo?». A lo que inmediatamente respondo: «¿Y cómo sabes que la máquina va a producir lo suficiente como para pagar las cuotas? ¿Cómo sabes que no va a bajar el precio de lo que produces, o subir los costos? ¿Cómo sabes que tu negocio va a ir tan bien el año que viene como este año? ¿Cómo sabes que no va a aparecer un competidor que se quede con gran parte de tus clientes y te haga perder muchas ventas? ¿Cómo sabes que no va a haber una gran crisis en tu país que afecte al mercado en el que te desenvuelves?».

Estas no son preguntas exageradas. Son preguntas basadas en la experiencia. ¡Lo he visto mil veces... y de esta manera es como los negocios se van a la quiebra!

Mi respuesta sería similar si tú me dijeras que vas a comprarte un teléfono móvil en cuotas porque piensas pagarlas con las futuras ganancias que vas a tener en un emprendimiento que acabas de comenzar... Te aconsejaría que esperes y ahorres lo suficiente como para poder pagar varias de las cuotas antes de meterte en este crédito... y de paso, mientras esperas, puedes ir viendo cómo marcha tu emprendimiento...

FINALMENTE, ¿QUÉ HACER SI YA ESTÁS METIDO EN DEUDAS?

¡No pierdas la esperanza! Si estás metido en deudas, ¡aún puedes ser libre! La mejor forma de hacerlo es organizar un plan de pagos, pagando cuotas para cancelar la deuda más pequeña primero, y asignando el pago de esa deuda a la siguiente cuando termines de pagarla. Eso se llama «efecto bola de nieve», y puedes buscar en Internet explicaciones de cómo funciona, e incluso algunas aplicaciones que te ayuden a organizarte en este sentido. También puedes crear tu propia planilla una vez que entiendas cómo funciona el método. Lo importante en este tema, al igual que en la mayoría de los asuntos financieros, es que diseñes un plan y te comprometas a seguirlo.

Ser libre o esclavo de las deudas depende de ti. ¡Toma buenas decisiones hoy, y luego trabaja para cumplirlas!

Ahora te toca a ti

1) ¿Le debes dinero a alguien o tienes deudas acumuladas? ¿Alguno de tus amigos tiene problemas con las tarjetas de crédito o les debe a otras personas o al banco? ¡Ayúdense entre ustedes!

Cada uno complete una copia de esta planilla con su situación personal, y luego diseñen juntos los planes de pagos que cada uno necesite para salir de sus deudas. El próximo paso será reunirse una vez por mes para controlar cómo va cada uno, ¡y darse ánimo mutuamente hasta que ambos sean libres!

Entonces pueden salir a festejar con una cena... ¡pero por favor páguenla en efectivo!

Mi nombre: _____ **Análisis de mi deuda al ___ / ___ / ___**	
Motivo o nombre de la deuda (para qué usé el dinero)	
A quién le debo (nombre y número de teléfono)	
A quién le debo (nombre y número de teléfono)	
Cuota o pago mensual que me propongo hacer	
Cantidad de meses restantes hasta completar el pago	
Otras anotaciones	

Notas

Notas

Capítulo 12

LOS CIMIENTOS DE TU ÉXITO ECONÓMICO

Te contaré la historia del "País de las Rajaduras".

Hace unos años, un amigo mío llamado Carlos que vive en Estados Unidos se compró una casa. Después de vivir en ella por unos seis meses, comenzó a notar que una de las paredes tenía una rajadura. Tomó la guía de teléfonos, buscó un carpintero (porque en Estados Unidos las casas están hechas de madera y yeso), y lo contrató para que arreglara la rajadura que tenía la pared.

Después de un arduo día de trabajo, el carpintero terminó su labor y le pasó a Carlos una cuenta tan grande que mi amigo pensó que si se hubiera quedado otro día, ¡le hubiera tenido que entregar a su primogénito!

Pasaron algunas semanas, y algunas semanas más... Unos tres meses más tarde, Carlos se levantó una mañana y encontró que no solamente había reaparecido la rajadura original en la misma pared que hacía poco acababa de arreglar, sino que ahora tenía a toda la «familia rajadura» en su pared: Papá Rajadura, Mamá Rajadura y como ¡siete u ocho rajaduritas en diferentes lugares!

Nuevamente llamó al carpintero que le había hecho el arreglo original para que le viniera a colocar nuevamente el yeso a la pared con problemas. Dos días más tarde, la pared quedó como nueva (y esta vez solo le costó a Carlos un par de vasos de jugo de naranja y algunos emparedados que le ofreció al trabajador mientras reparaba el mal trabajo realizado en la primera visita).

Pasaron algunas semanas más, y una buena mañana Susana, la esposa de Carlos, se levantó para desayunar y se encontró frente a ella con un ejército de rajaduras en la misma infame pared. ¡Allí estaba toda la infantería, la caballería y la artillería del País de las Rajaduras!

Mi buen amigo, entonces, sintiéndose defraudado económicamente, decidió llamar a un carpintero diferente. Cuando el nuevo carpintero llegó, observó las rajaduras, miró la pared, bajó al sótano de la casa, subió al techo y le dijo a mi amigo algo que él realmente no estaba esperando:

«Yo no le puedo ayudar, señor.»

«¿Quéee?», contestó Carlos, «¿Cómo que no me puede ayudar? ¿No es usted un carpintero? ¿No arregla paredes de yeso?».

«Si, soy carpintero y arreglo paredes de yeso. Pero usted no necesita un carpintero. Su problema no son las rajaduras. Usted tiene un problema en el fundamento de su casa. Las columnas del fundamento se están moviendo, y hasta que usted no repare el fundamento de la edificación, usted siempre va a tener rajaduras en esa pared. Lo que usted necesita es un ingeniero».

Esta triste historia no solo le proporcionó a Carlos una importante lección sobre cómo resolver problemas de construcción, sino que me ha proporcionado a mí a través de los años una buena ilustración sobre cómo evitar problemas económicos.

La mayoría de las personas ven las rajaduras que tienen en su vida financiera y creen que esos son los problemas que deben resolver. Entonces consultan a algún asesor financiero, a algún banco, o leen algún libro para que les diga cuáles son los pasos que deben seguir para salir del problema. Mucha gente a la que aconsejo financieramente se la pasa tratando de solucionar sus problemas con un parche por aquí y otro por allá. No se dan cuenta de que si colocamos fundamentos sólidos e inamovibles en las bases de nuestra vida, nuestra pared financiera nunca tendrá rajaduras. En la gran mayoría de los casos, los problemas financieros son solamente las consecuencias de otros problemas más profundos en la vida del individuo. Son el resultado de haber violado los «Principios universales del manejo económico» que se basan en una serie de pilares que te compartiré a continuación...

PRIMER PILAR: LA PACIENCIA ACOMPAÑADA DE PERSEVERANCIA

Recuerda esto: tal como ya vimos en capítulos anteriores, el mundo hoy en día quiere tentarte a «comprar ahora y pagar después». ¡Y esto es exactamente lo opuesto de aplicar el principio de la paciencia y la perseverancia!

> *Los medios de comunicación intentan empujarnos a que busquemos tan solo «disfrutar del aquí y ahora», sacrificando así nuestro futuro personal y familiar*

Los medios de comunicación intentan empujarnos a que busquemos tan solo «disfrutar del aquí y ahora», sacrificando así nuestro futuro personal y familiar. ¡Qué enorme diferencia con las generaciones que nos precedieron! Piensa, por ejemplo, en los inmigrantes europeos y asiáticos que llegaron a nuestras tierras hace ya muchos años... Ellos se esforzaron y se esforzaron durante años, sacrificando parte de su satisfacción personal por el bienestar de las generaciones futuras: sus hijos y sus nietos. ¡Nos vendría muy bien al resto de nosotros imitarlos! Lamentablemente, este tipo de actitud está desapareciendo del mundo a medida que el consumismo y el egoísmo dominan cada vez más nuestras decisiones económicas.

La sociedad te dice: «¡Compra ahora y paga después!». Eso, como ya hemos visto, te llevará a perder el control sobre tus finanzas, a contraer grandes deudas y a perder una gran cantidad de dinero pagando intereses a lo largo de los años.

Lo mejor es: «Ahorrar ahora y comprar después». Piensa: ¿cuáles son las cosas para las que te gustaría ahorrar ahora, y comprar cuando tengas el dinero en efectivo? ¡Haz una lista y anímate a tener paciencia y perseverancia hasta lograrlo!

SEGUNDO PILAR: EL CONTENTAMIENTO Y EL PRINCIPIO DE LA VERDADERA FELICIDAD

Hace algunos años estaba dando una serie de conferencias en la frontera entre el norte de México y el sur del estado de Tejas, Estados Unidos. Cuando terminó mi primera conferencia en tierra mexicana, un matrimonio (Jorge y María) se me acercó y me confiaron que tenían tensiones entre ellos a causa de su situación económica. Me dijeron que sus salarios «no les permitían vivir dignamente». Jorge trabajaba de obrero en una compañía de la ciudad y ganaba solamente cinco dólares por día. María también trabajaba y ganaba otro tanto.

Es importante notar que en aquellos días el salario mínimo, vital y móvil en Estados Unidos, era de casi cinco dólares y medio la hora. ¡Ellos estaban ganando en un día lo que un obrero norteamericano ganaba en menos de una hora! El tema me tocó el corazón. Especialmente, cuando Jorge me explicó que algunos alimentos costaban tan caros en su pueblo de frontera que le convenía cruzar al lado norteamericano para hacer sus compras de comida.

Por otro lado, otro matrimonio (Ignacio y María Rosa) también se me acercó esa misma noche. María Rosa era la hija del dueño de una empresa importante en la ciudad que se encontraba al otro lado de la frontera, en los Estados Unidos. Ellos eran unos jóvenes de entre veinte y veinticinco años, muy buenas personas, respetados en su ciudad y en su comunidad de fe.

Daban donativos con regularidad y ayudaban a los demás cuando podían. Sin embargo, también ellos tenían problemas para controlar su vida económica. Ignacio me explicó que con las entradas que tenían «no les era posible vivir dignamente». Cuando les pregunté, María Rosa me contestó que la suma de ambos salarios era de... ¡unos diez mil dólares al mes!

Recuerdo que esa noche pensé: *Si Jorge y María recibieran los diez mil dólares mensuales que ganan Ignacio y María Rosa, se convertirían en la pareja más feliz de la tierra... ¡por los próximos tres años! Serían felices hasta que ellos también se acostumbraran a gastar diez mil dólares por mes, ¡y luego tampoco les alcanzaría para vivir «dignamente»!*

Así es. Aunque provenían de trasfondos económicos totalmente diferentes, y aunque los ingresos de la primera pareja eran realmente muy bajos, y los de la segunda muy altos, en realidad las dos parejas tenían el mismo problema: una dificultad para vivir dentro del nivel económico al cual pertenecían. Su situación, como la de muchísimas otras familias, prueba una verdad muy cierta: La diferencia entre llegar a fin de mes y no llegar no se encuentra en la cantidad de dinero que *ganamos*, sino en la cantidad de dinero que *gastamos*.

La premisa de este principio es que, con excepción de aquellos que viven en condiciones de extrema pobreza (que son aproximadamente entre una quinta y una sexta parte de la población del mundo), todos los demás recibimos lo suficiente como para sustentarnos y proveer para nuestras necesidades básicas. Por lo tanto, hemos hallado el principio de la verdadera felicidad: el contentamiento. Cada uno de nosotros necesitamos aprender a ser felices dentro del estrato socioeconómico en el cual nos toca vivir.

Por supuesto, no estoy diciendo que no debamos esforzarnos por crecer económicamente. Ya hablé antes de la importancia del trabajo duro y del esfuerzo, y de tomar nuestras decisiones con sabiduría para tener un futuro mejor. Pero debemos aprender, también, que la «felicidad» es un estado del alma, y que tiene muy poco que ver con la cantidad de dinero que ganamos o que hemos acumulado a lo largo de los años.

Desde los profetas de la prosperidad, pasando por los profesores del materialismo y los periodistas de noticias internacionales, muchas de las personas influyentes del mundo de hoy están muy afectados por una filosofía que nos ha fallado de forma miserable: la filosofía del materialismo. ¡Es imposible alcanzar la verdadera felicidad en la vida si uno adopta el materialismo! Hace más de dos mil años Jesús nos enseñó que: «la vida de una persona no depende de las muchas cosas que posea» (Lucas 12:15). ¡Esa era una gran verdad entonces, y continúa siendo una gran verdad hoy en día!

El bienestar requiere de dinero, pero el dinero no es el ingrediente esencial para la buena vida. ¡Aprende a ser feliz con los recursos económicos y las cosas que tienes el día de hoy!

TERCER PILAR: LA VIDA Y LA PROSPERIDAD EN PERSPECTIVA

El camino hacia la prosperidad integral no es una carrera olímpica de 100 metros llanos. La verdad es que la ruta más segura hacia el bienestar personal y familiar es, en realidad, una carrera de resistencia de cinco kilómetros de largo y, además, ¡con obstáculos!

Debido a las grandes dificultades económicas que han pasado nuestros países en los últimos decenios, se nos ha entrenado desde pequeños a pensar en soluciones rápidas, enfocadas en el hoy. Sin embargo, la verdad es que si te enfocas solamente en el hoy, quizás pierdas una tremenda oportunidad del mañana.

Las decisiones económicas que tomes hoy, grandes o pequeñas, tendrán un profundo impacto sobre tu futuro.

Muchos años atrás, un joven explorador decidió cruzar un sector del desierto de Atacama, el más árido del mundo. Debido a un error de navegación, se perdió en esa famosa tierra chilena, demasiado lejos de la costa para regresar. Su única esperanza era llegar hasta un pueblo abandonado que, según él creía, estaba solo a unos pocos kilómetros de distancia. Quizás allí encontraría refugio y podría pensar en la manera de sobrevivir y de regresar a la civilización.

Los días pasaron y, cuando ya se estaba dando por vencido, a lo lejos vio los restos de una choza abandonada. Sin poder contener su alegría, empleó todas sus fuerzas para correr hacia el único pedazo de parche verde que había visto en kilómetros a la redonda. Al llegar, no encontró señales de vida humana. Solo algunas plantas del desierto, un par de herramientas, la choza vencida por el tiempo, un fogón, algunas ropas... y ¡una bomba de agua!

El explorador, casi a punto de morir de sed, usa la poca energía que le quedaba para bombear un par de veces el aparato, y darse cuenta de que ¡estaba roto! Se dejó caer al piso en total desesperación, al tiempo que lanzó desde lo más profundo de su corazón un grito desconsolado. Ahora sí, todo estaba perdido.

En ese preciso momento descubrió que junto a la bomba había una cadena que corría desde la bomba al piso, y se hundía en la tierra debajo de una ancha piedra. Siguió la cadena, levantó la piedra, y descubrió un pozo de mediana profundidad. Quitó la cadena del pozo, y al final de esta halló atada una botella llena de agua. Junto a la botella había una nota fechada solo un par de días antes. Levantó la nota, se frotó los ojos, y leyó: «El agua de la botella es para cebar la bomba. Toda el agua debe ir al tubo principal. ¡Disfrute! (y no se olvide de llenarla de nuevo para el próximo)».

Ahora nuestro explorador tenía un dilema: el agua fresca de la botella podía salvarle la vida... y la tenía ahora mismo en sus manos. Por otro lado, si no mojaba el resecado sistema de succión de la bomba de agua (que estaba hecho de cuero en esas épocas), no habría posibilidad para él ni para futuros exploradores de tener más agua fresca. ¿Qué haría? ¿Tomarse el agua de la botella, o volcarla en la bomba? ¿Salvar su vida, o arriesgarse obedeciendo una nota de una persona que ni siquiera conocía?[9]

En la respuesta a este dilema se encuentra uno de los grandes secretos de la prosperidad. Aquellos que se toman el agua de la botella, viven vidas mediocres, de supervivencia, opacas, guiados por el «aquí y ahora». Aquellos que la vuelcan sobre la bomba entienden el poder que se encuentra contenido en las grandes paradojas de la vida: a veces hay que morir para vivir, hay que perder para ganar, hay que servir para liderar, y hay que entregar para recibir.

¿Estás dispuesto a tomar decisiones difíciles el día de hoy para poder cosechar los beneficios de la prosperidad integral en tu vida y en la de tu familia, e incluso en la de las generaciones que siguen?

La vida es larga y tiene muchas vueltas. Nunca sabremos en qué medida las decisiones de integridad, compasión, entrega personal y compromiso que tomamos el día de hoy impactarán nuestras vidas el día de mañana.

Actúa en el día de hoy con una mirada hacia la eternidad.

Ahora te toca a ti

1) Vimos que en la gran mayoría de los casos, los problemas financieros son solamente las consecuencias de otros problemas más profundos en la vida del individuo. ¿Estás de acuerdo con esta afirmación? ¿Por qué sí, o por qué no?

_____

_____

2) El mundo hoy en día quiere tentarte a «comprar ahora y pagar después». ¿Has caído alguna vez en esta trampa? ¿Qué sucedió? ¿Qué aprendiste?

_____

_____

3) Vimos que la "felicidad" es un estado del alma, y que tiene muy poco que ver con la cantidad de dinero que ganamos o que hemos acumulado a lo largo de los años. ¿Estás de acuerdo con esta afirmación? ¿Por qué sí, o por qué no?

_____

_____

4) En líneas generales, pensando en todos los aspectos de tu vida y no solo en los financieros, ¿sientes que estás actuando en el día de hoy con una mirada a corto plazo, o con una mirada hacia la eternidad?

_____

_____

Notas

Notas

Capítulo 13

INTEGRIDAD SIN IMPORTAR LAS CONSECUENCIAS

Hace muchos años leí una historia que me gustaría compartir contigo.[10]

UNA DECISIÓN DE ALTO VUELO

Cuenta el relato que al comienzo de la década de los años 60 la empresa Douglas Aircrafts estaba compitiendo con la Boeing para venderle a la aerolínea Eastern sus primeros jets. Se dice que el conocido piloto y héroe de guerra Eddie Rickenbacker, que en ese tiempo era presidente de Eastern, le comentó al señor Donald Douglas que las especificaciones que le había dado para sus aviones demostraban que sus DC-8 eran tan buenos como los aviones que estaba ofreciendo la Boeing, excepto por la cantidad de ruido dentro del avión.

Rickenbacker le dijo entonces a Douglas que le daría una última oportunidad para mejorar su propuesta y presentar mejores números que los presentados por Boeing en cuanto a ese factor. Le dijo a Douglas que si él podía modificar esos números, el contrato sería suyo. Donald Douglas le pidió a este exitoso empresario que le diera algunos días, luego de los cuales le volvería a hablar con una respuesta.

Luego de consultar con sus ingenieros, Douglas llamó a Rickenbacker y le confesó que la verdad era que no podía prometer que sus aviones tuvieran menor cantidad de ruido en la cabina. Le dijo que esos eran los números reales, y que no podría hacer nada al respecto.

–Yo ya lo sabía –contestó Rickenbacker–. Solo quería ver si usted todavía era honesto.

Luego de eso, le concedió a la compañía Douglas Aircraft un contrato multimillonario para proveer los primeros jets a la empresa.

¡Nosotros nunca sabremos qué negocios nos perderemos si decidimos ser corruptos en lugar de ser honestos! La falta de honestidad, a largo plazo, no rinde frutos.

De hecho, la falta de integridad en los negocios es un enorme problema en la sociedad actual. Nuestros abuelos cerraban sus tratos tan solo con un apretón de manos. Ellos valoraban su palabra. La mayoría de las personas hoy en día valoran más los resultados, y harían cualquier cosa con tal de ganar un poco más de dinero.

Stephen Carter, profesor de la Escuela de Leyes de la Universidad de Yale y autor del libro *Integrity* [Integridad], explica que la integridad requiere de tres pasos concretos[11]:

1. Discernir lo que está bien de lo que está mal (saber qué es lo bueno y lo malo).

2. Actuar de acuerdo a esas convicciones, aun a pesar de tener que pagar un precio personal por hacerlo.

3. Expresar abiertamente frente a otros que uno está actuando de acuerdo a su propio discernimiento del bien y del mal.

Cuando viajo ofreciendo conferencias, especialmente en aquellas que presento para empresarios y políticos, suelo definir «integridad» de la siguiente manera:

Debemos tener bien claras nuestras convicciones y aprender a vivir de acuerdo con ellas, nos cueste lo que nos cueste

Integridad es **hacer** lo que se tiene que hacer, **cuando** se tiene que hacer, **como** se tiene que hacer, **y sin importar las consecuencias.**

Si queremos disfrutar de la prosperidad integral, entonces en primer lugar debemos desarrollar un carácter íntegro y sólido. Debemos tener bien claras nuestras convicciones y aprender a vivir de acuerdo con ellas, nos cueste lo que nos cueste. Ese es el tipo de hombre o mujer que el mundo admira.

Hay una frase muy famosa que dice que «Tú puedes engañar a todos algún tiempo, puedes engañar a algunos todo el tiempo, pero no puedes engañar a todos todo el tiempo».[12] Eventualmente la gente que está alrededor tuyo sabrá quién eres en realidad. Y no importa qué tan grande puedas llegar a crecer o cuántos millones puedas llegar a acumular, la falta de integridad tarde o temprano te hundirá.

Además, tu falta de integridad no solo afectará tu vida personal y familiar. También afectará tu futuro. Ya se nos advierte en Gálatas 6:7: «...uno siempre recogerá lo que haya sembrado».

DOS HISTORIAS DE HONOR, UNA GRAN LECCIÓN

Hay dos historias que me gustaría contarte y que transmití a mis lectores por primera vez a comienzos del año 2000[13]. Tan impactantes son estas historias que decidí incluirlas en este libro también, para que tú puedas comprender mejor cómo es que nuestras decisiones de hoy traen consecuencias en el mañana. La primera historia viene de la ciudad de Chicago, donde tuve el privilegio de vivir por unos once años, y tiene que ver con uno de sus ciudadanos más famosos: Al Capone.

Uno de los abogados de Al Capone se llamaba «Easy» Eddie (Eduardo «el Tranquilo»). «Easy» (se pronuncia «Isi») Eddie tenía fama de ser uno de los mejores y más sagaces abogados en todo Estados Unidos. Tal era su capacidad para manejar casos difíciles que, a pesar de que el gobierno federal norteamericano había invertido cantidades enormes de dinero buscando la forma de poder encarcelar a Al Capone, nunca habían tenido éxito y Al Capone seguía libre.

Al Capone, por su parte, premiaba a su inteligente abogado con un buen sueldo, lujos, poder político, y hasta una casa que cubría toda una manzana en la ciudad de Chicago.

«Easy» Eddie estaba casado, y un día él y su esposa tuvieron un hijo. Eddie amaba profundamente a su hijo. Como todo padre, trataba de enseñarle la diferencia entre el bien y el mal, y le proporcionaba una buena educación, buenas vacaciones, la mejor vestimenta de moda, automóviles, etc. Sin embargo, había una cosa que «Easy» no podía darle a su pequeño heredero: un buen nombre. Los amigos de su hijo lo confrontaban con la triste realidad de que su padre era el que estaba permitiendo que un gánster como Al Capone continuara robando, matando y corrompiendo a la sociedad.

«Easy» Eddie lo pensó por un tiempo. Lo pensó seriamente. Y un día decidió que ese no era el ejemplo que le quería dejar a sus hijos (ya maduros) y a sus nietos. Eddie se contactó con las autoridades y se entregó a la policía para hacer lo que era correcto, a pesar de las consecuencias. Finalmente fue gracias a su testimonio en la corte que el gobierno norteamericano logró poner a Al Capone tras las rejas.

No mucho tiempo después el abogado «Easy» Eddie fue acribillado a balazos en una oscura calle de Chicago.

La segunda historia tiene que ver con un desconocido piloto de la fuerza aérea norteamericana.

El 20 de febrero de 1942, durante una de las batallas en el

Pacífico, el portaviones Lexington recibió órdenes de atacar posiciones japonesas en Nueva Guinea. Desafortunadamente para los norteamericanos, esta nave de guerra fue detectada por los japoneses unos 600 kilómetros antes de llegar a destino. No mucho después, los aviones Wildcats del portaviones Lexington entraron en combate con dieciocho bombarderos japoneses.

Los primeros nueve bombarderos fueron destruidos por los Wildcats, pero cuando la segunda tanda de bombarderos llegó a las inmediaciones del portaviones Lexington, solamente este joven piloto y su acompañante estaban lo suficientemente cerca de la formación japonesa como para defender la nave.

Para colmo de males, las ametralladoras del avión de su acompañante se trabaron, y este joven piloto quedó absolutamente solo frente a los nueve bombarderos enemigos. En un acto de heroísmo extremo, el piloto apuntó su Wildcat hacia los bombarderos enemigos y, en medio de una verdadera lluvia de balas, atacó de frente a toda la formación.

En su primera pasada, derribó al primer bombardero y, mientras este caía al agua, ya estaba derribando su segundo. Sin descanso, se volvió hacia el resto del grupo y derribó tres más, y cuando se le acabaron las municiones utilizó su propio avión como arma para tratar de golpear las alas de los japoneses y eliminar a los restantes. Su accionar fue tan efectivo que retrasó el ataque nipón, dándole tiempo al resto del escuadrón americano de llegar y eliminar a los que quedaban.

Ese día este joven piloto norteamericano salvó a su portaviones y defendió la vida de todos sus camaradas. Por este acto de valentía y renuncia personal, fue ascendido a Teniente Comandante y recibió la más alta condecoración que ofrece el gobierno de Estados Unidos: la Medalla de Honor del Congreso.

Ese joven piloto se transformó, sin dudas, en uno de los héroes más conocidos de la segunda guerra mundial. Su nombre es «Butch» O'Hare, nombre que, para honrar su memoria, lleva hoy en día el aeropuerto de la ciudad de Chicago, uno de los más grandes del mundo.

¿Por qué te conté estas dos historias?

¿Qué tienen ellas en común?

Lo que tienen en común es que «Butch» O'Hare era el hijo de «Easy» Eddie.

No hay un legado más precioso que podamos dejar a nuestros herederos que el ejemplo de un carácter sólido... a pesar de las consecuencias.

Cuando tomas decisiones de negocios, o decisiones económicas, debes hacer lo que es correcto, no lo que es conveniente. Debes entregar tu vida en pos del bien, y oponerte al mal, aunque eso te cueste todo lo que tienes. Puede que no veas el impacto de tus decisiones durante el transcurso de tu vida, pero serán como las repercusiones de un temblor que impactarán el futuro de tu familia hasta la tercera y cuarta generación, o hasta por mil generaciones... (Puedes leer más sobre esto en Éxodo 20:5-6 y 34:6-7, y Deuteronomio 5:9-10 y 7:9-10).

No lo dudes nunca. ¡Ser una persona íntegra vale la pena!

Ahora te toca a ti

1) ¿Qué opinas sobre la falta de honestidad o la corrupción a nivel país, en los sectores públicos?

_____
_____
_____
_____

2) ¿Qué opinas sobre la falta de honestidad o la corrupción a nivel empresarial?

_____
_____
_____
_____

3) ¿Te consideras a ti mismo como una persona honesta e íntegra? ¿Por qué sí o por qué no? ¿Hay cosas en tu vida que te gustaría cambiar en este sentido? ¿Cuáles?

_____
_____
_____
_____

Notas

Notas

Capítulo 14

CUATRO RAZONES PARA SER GENEROSOS

¿Por qué es importante que aprendamos a ser generosos? Aquí te doy cuatro razones fundamentales:

1) LA GENEROSIDAD NOS MANTIENE VIVOS

Una economía de mercado sin corazón es una jungla en la que solamente el más fuerte sobrevive. Un mar en el cual el pez más grande se come al chico. ¿Te suena familiar la comparación? ¡Claro, porque es lo que ves todos los días a tu alrededor! En cambio, si queremos llegar a disfrutar de la prosperidad integral, debemos empezar a valorar el amor y el compromiso hacia los demás, expresados en actos de generosidad.

Ya el famoso rey Salomón dijo: «El alma generosa será prosperada; y el que saciare, él también será saciado» (Proverbios 11:25, RVR60), así que esta no es una fórmula mágica proveniente de los modernos «profetas de la prosperidad». Por supuesto que para prosperar necesitas hacer mucho más que simplemente dar dinero a otros. Pero un corazón generoso tiene lo que se necesita para ser feliz: sabe vivir desapegado a los bienes materiales, y sabe valorar las cosas importantes de la vida.

Yo creo firmemente que una de las principales razones por las que Dios nos permite disfrutar de la prosperidad es para que podamos compartirla. Cualquiera que sea tu posición económica, creo que es importantísimo que aprendamos a compartir de nuestras bendiciones. Si no lo hacemos, morimos un poco como personas. Hemos sido diseñados para compartir lo poco o lo mucho que tengamos. Y el egoísmo o la avaricia no nos hacen bien al espíritu.

2) LA GENEROSIDAD DEMUESTRA MADUREZ

¡No hay ser más egoísta en el mundo que un bebé recién nacido! Uno lo mira allí, tan bonito en su cunita en el hospital... y sin embargo, ni bien llega a la casa, ¡se convierte en un dictador! Ese pequeño y maravilloso monstruo les dirá a sus padres a qué hora se van a levantar, a qué hora se van a ir a dormir (¡si es que los va a dejar dormir!), cuándo van a poder comer, cuándo va a comer él... y más adelante, cuando coma otras cosas, deben tener cuidado, porque si no le gusta lo que le dieron de comer, ¡se los escupirá en la cara!

Gracias a Dios, a medida que pasa el tiempo ese bebé crece... Y a medida en que crece, se le puede ir enseñando a compartir:

–Comparte ese juguete con tu primito... –le dice la mamá.

–Jueguen juntos con tu hermano a la pelota... –dice el papá.

Y así, con el correr de los años, este niño o niña va aprendiendo el arte de compartir y de dar. Sigue pasando el tiempo, y un día se casa. Y tiene sus propios hijos.

Entonces dos cosas muy raras le suceden. Lo primero es que pronto comenzará a ver lo que es tener sus propios dictadores en miniatura. Lo segundo es que se dará cuenta que ha llegado a una etapa en la vida en la que estaría dispuesto a dar todo lo que tiene, hasta su propia vida, por otros: por sus hijos.

Esa es una señal de madurez. El día en que tú ves que estarías dispuesto a dar hasta tu propia vida por otros, ese es el punto en tu vida en el que has dejado atrás las cosas de niño y has entrado en la edad de madurez emocional. El poder darse a sí mismo por una causa, por Dios, por los demás, es una demostración externa de que algo ha cambiado profundamente en nuestra vida interna.

¿En qué etapa de este camino te encuentras tú? ¿Todavía sientes que el mundo da vueltas alrededor tuyo?... ¿O ya sientes que te quieres dar por una causa, que puedes dar algo de ti a Dios y a los demás? Piénsalo...

3) LA GENEROSIDAD ES UN REFLEJO DE NUESTRO SER INTERIOR

Cuentan que había una vez un mendigo que estaba pidiendo dinero al lado del camino, cuando pasó a su lado un famoso general romano llamado Marcos Augusto. El general lo miró y, con un gesto bondadoso, le dio unas cuantas monedas de oro.

Uno de los sirvientes del gran militar, sorprendido por su generosidad, le dijo en tono muy respetuoso:

−Mi excelentísimo Marcos Augusto, algunas monedas de cobre podrían haber satisfecho la necesidad de este mendigo. ¿Por qué darle oro?

El gran líder miró a su paje con una sonrisa, y le contestó sabiamente:

−Algunas monedas de cobre podrían haber satisfecho la necesidad del mendigo; pero las monedas de oro satisfacen mi generosidad.

Aprendamos a dar en un nivel económico que no solamente satisfaga las necesidades físicas de los demás, sino que, por sobre todo, satisfaga la generosidad de nuestro corazón.

4) LA GENEROSIDAD NO REQUIERE DINERO, REQUIERE CARÁCTER

En primer lugar, debemos aprender a dar con la actitud apropiada. En 1 Corintios 13, su famoso texto sobre la naturaleza del amor, Pablo dice una profunda verdad: el dar, si no es por amor, de nada sirve. Puedo darlo todo, puedo repartir todo lo que tengo entre los pobres del mundo, puedo entregar incluso mi cuerpo en martirio por una noble causa. Pero si no lo hago por amor, de nada sirve...

Aquí no estamos hablando de religión o de religiosidad. Los religiosos también son unos farsantes si no ponen su corazón en sus ofrendas, a pesar de que den en forma meticulosa ciertas cantidades específicas de dinero. Los fariseos habían sido cuidadosos en dar la cantidad correcta, y fueron fuertemente reprendidos por su actitud.

En segundo lugar (y esta es una creencia profundamente personal) debemos dar primeramente a Dios. El sabio Salomón nos dice que debemos darle a Él lo primero de todo el fruto de nuestro trabajo (Proverbios 3:9).

Si solamente das a una iglesia, parroquia, mezquita o sinagoga, eso solo es caridad. Pero darle a Dios es un acto de adoración y humillación delante de Él. Es una excelente actitud personal que nos permite tener el enfoque apropiado para encarar la vida.

En tercer lugar, debemos compartir con otros con alegría, no porque nos sentimos culpables o presionados al hacerlo, sino porque amamos a Dios y al prójimo (mira 2 Corintios 9:7). Muchas veces, cuando voy a un servicio religioso y observo la cara que tienen las personas al momento de dar la ofrenda, no veo la imagen de personas en una fiesta sino la imagen de un paciente en la silla del dentista esperando una dolorosa extracción.

En cuarto lugar, debemos, de vez en cuando, estar dispuestos al sacrificio por amor a otros. Yo no creo que uno siempre tenga que dar sacrificialmente. Pero hay momentos en la vida en las que se requiere de un sacrificio personal, de decir «no» a ciertas cosas para poder ayudar a otros. Mis héroes son los cristianos griegos del primer siglo que vivían en una provincia llamada Macedonia (no confundir con el país actual del mismo nombre). Los macedonios, a pesar de estar en una terrible situación económica, en pruebas difíciles y en extrema pobreza, aun así le pidieron a San Pablo que les diera el privilegio de compartir de lo poco que tenían con los pobres de Jerusalén. (Puedes leer sobre esto en 2 Corintios 8:1-7). Se entregaron ellos mismos primero a Dios, y luego a su prójimo, a pesar de sus circunstancias. ¡Eso es tener carácter!

Mi buen amigo Brian Kluth cuenta que conoció a una pareja de trabajadores religiosos africanos que Vivian en una aldea del interior del país y sostenían a sus seis hijos con un salario de solamente diez dólares al mes.[14] El misionero le dijo que una de sus grandes preocupaciones era que los niños de su aldea se estaban quedando ciegos por no tener un medicamento que costaba apenas cincuenta centavos por niño. Él empezó a pedirle a Dios que le enviara una persona rica que pudiera venir al pueblo y ayudar con dinero para comprar la medicina.

El tiempo pasó y el hombre rico nunca llegó. Finalmente, un día el amigo de mi amigo se dio cuenta de que en vez de pedirle a Dios que mandara una persona rica para resolver la situación, él podía tomar cincuenta centavos cada mes y ayudar, por lo menos, a un niño. Cuando Brian volvió a esa aldea siete años después, el misionero le contó que todavía sobrevivían bien con sus U$9,50 por mes... ¡y que habían podido salvarle la vista a ochenta y cuatro niños!

> No necesitas tener mucho dinero para poder ayudar a otros

No necesitas tener mucho dinero para poder ayudar a otros. Simplemente tienes que tener los ojos abiertos y el corazón dispuesto para poder ser un elemento de cambio en el lugar en el que te ha tocado vivir.

Ahora te toca a ti

1) Vimos que no necesitas tener mucho dinero para poder ayudar a otros. ¿Estás de acuerdo con esta afirmación? ¿Por qué sí, o por qué no?

_____
_____
_____
_____

2) Piensa y responde... ¿Qué es lo que tú puedes dar? Escribe aquí debajo algunas ideas:

_____
_____
_____
_____
_____
_____
_____
_____

3) Ahora vuelve a revisar la lista que acabas de escribir y ponle a cada idea una fecha y una forma de organizarte, o lo que sea que haga falta para que no se queden en ideas y puedas efectivamente ponerlas en práctica y comenzar a dar lo que puedes dar.

_____
_____
_____
_____

Notas

_____
_____
_____
_____
_____
_____
_____
_____
_____
_____
_____
_____
_____
_____
_____
_____
_____
_____
_____
_____
_____
_____
_____
_____
_____
_____
_____
_____

Notas

CIRUGÍA ESTÉTICA Y MATEMÁTICAS

Mucha gente encara el tema del manejo del dinero como si fuese una operación de cirugía estética: creen que si lo hacen bien una vez, ya no tienen que preocuparse por el resto de su vida. Sin embargo, aprender a manejar el dinero y construir un futuro mejor es más parecido a aprender matemáticas. Tal vez cuando llegaste al final de cuarto grado creías que ya sabías todas las matemáticas que se necesitaba saber en el mundo: sabías sumar, restar, dividir y multiplicar... ¿Qué más podrías necesitar aprender? Sin embargo todos nosotros, al seguir avanzando a lo largo de la escuela primaria, la secundaria, la universidad, y algunos incluso en los posgrados, nos hemos encontrado cada año nuevamente con las famosas matemáticas. Lo que ocurre es que a medida en que crecemos y avanzamos en la vida, la realidad se torna más y más compleja. Por eso necesitamos matemáticas más y más sofisticadas.

Lo mismo ocurre con el manejo del dinero. En este libro te he dado las bases para construir un futuro mejor para ti, y también para la familia que formarás algún día. Te he brindado ideas y conceptos que pueden evitarte mucho dolor en el porvenir. Te he dado herramientas para comenzar el camino...

Si haces caso a todos los principios que te he transmitido a lo largo de estas páginas estarás caminando en la ruta correcta hacia la Ciudad de la Prosperidad Integral (también conocida como Ciudad del Bienestar). Y si te extravías, siempre tendrás este libro y otros recursos a tu alcance para ayudarte a regresar al camino.

Mi consejo es que además de aprender y aplicar en tu vida lo que he compartido contigo, se lo enseñes a alguien más. Enseñar estas cosas es la mejor manera de aprenderlas, y además al hacerlo estarás ayudando a otros. ¡No te guardes estas ideas solo para ti!

Sin embargo, este es solo el comienzo. Es matemáticas de cuarto grado. Debes continuar aprendiendo sobre estos temas. ¡Hay tantas otras cosas que necesitarás saber a medida que vayas creciendo! Lee libros, asiste a conferencias, mira videos en Internet.

Y una última cosa: ¡Ten siempre presente que Dios tiene planes hermosos para tu vida! Él tiene planes para que disfrutes de bienestar. ¡Tú tienes un futuro, y tienes una esperanza!

«Porque yo sé muy bien los planes que tengo para ustedes – afirma el Señor–, planes de bienestar y no de calamidad, a fin de darles un futuro y una esperanza».

Jeremías 29:11 (NVI)

A lo largo de este libro te he dado suficientes herramientas como para que puedas comenzar a tomar tus decisiones económicas con sabiduría. Tienes todo lo que precisas para alcanzar ese futuro de bienestar y esperanza que Dios pensó para ti.

Ahora la elección es tuya.

NOTAS BIBLIOGRÁFICAS

1. Nombre árabe que significa «rey» o «emperador». Viene del nombre romano «César».

2. Nombre árabe que significa «amado», «consentido».

3. *Ziziphus mauritiana*. También llamado kul, ber, ginjoler de l'India, ciruela india o, en Venezuela, ponsigué.

4. F. L. Emerson, *Reader's Digest* (marzo 1947). Ver *The Yale Book of Quotations*, ed. Fred R. Shapiro (New Haven, CT: Yale UP, 2006), s.v. «F. L. Emerson». Para más información acerca de la cita, ver «I am a great believer in luck...(Quotation)», de la Thomas Jefferson Encyclopedia, **http:// www.monticello.org/site/research-and-collections/ i-amgreat-believer-luckquotation**.

5. Colin Powell, citado por Hargrave Military Academy, en su página informática de «GEN Colin Powell Center for Leadership & Ethics», **http:// www.hargrave.edu/academics/leadership-colin-powellcenter-for-leadership-ethics**.

6. Stephen King, *Danse Macabre* (Nueva York: Gallery, 1981), p. 88.

7. Ver https://es.wikipedia.org/wiki/Pir%C3%A1mide_de_Maslow

8. Thomas J. Stanley y William D. Danko, T*he Millionaire Next Door: The Surprising Secrets of America's Wealthy* (Nueva York: Pocket Books, 1996), p. 257 [*El millonario de al lado* (Buenos Aires: Atlántida, 1998)].

9. Priit J. Vesilind, «The Driest Place on Earth», *National Geographic Magazine* (agosto 2003), **http://ngm.nationalgeographic.com/ ngm/0308/feature3/**.

10. Relato adaptado de Moody Bible Institute, «Today in the Word», octubre 1991, p. 22.

11. David L. Miller, «Integrity: Why We Need a Transfusion», entrevista con Stephen Carter para *The Lutheran* (julio 1996), **http:// tatumweb. com/internet/integrity-01.htm**.

12. Thomas F. Schwartz, «"You Can Fool All of the People": Lincoln Never Said That», *For the People: A Newsletter of the Abraham Lincoln Association* 5, no. 4 (invierno 2003): pp. 1, 3, 6, **http://www. abrahamlincolnassociation.org/Newsletters/5-4.pdf**.

13. Adaptado de Panasiuk, Andrés, *¿Cómo llego a fin de mes?*, pp. 69-71.

14. GiveWithJoy.org, «Journey to Generosity True Stories», **http:// givewithjoy.org/true_stories.htm#Day_2_-_African_man_ saves_children_going_blind**

DESCUBRE EL NUEVO SITIO DEL INSTITUTO E625

Y lleva tu ministerio al siguiente nivel.

www.InstitutoE625.com

Escanea
el código
para ver más

¡SUSCRIBE A TU MINISTERIO PARA DESCARGAR LOS MEJORES RECURSOS PARA EL DISCIPULADO DE LAS NUEVAS GENERACIONES!

Lecciones, bosquejos, libros, revistas, videos, investigaciones y mucho más

e625.com/premium

ZONA DE CONTENIDO
PREMIUM